AF503217

LA JUSTICE

DANS

LES COUTUMES PRIMITIVES

PAR

J. DECLAREUIL

DOCTEUR EN DROIT

PARIS

L. LAROSE ET FORCEL

Libraires-Éditeurs

22, RUE SOUFFLOT, 22

1889

LA JUSTICE

DANS

LES COUTUMES PRIMITIVES

Extrait de la *Nouvelle Revue historique de droit français et étranger*.
Mars-Avril, Mai-Juin 1889.

LA JUSTICE

DANS

LES COUTUMES PRIMITIVES

PAR

J. DECLAREUIL

DOCTEUR EN DROIT

PARIS

L. LAROSE ET FORCEL

Libraires-Éditeurs

22, RUE SOUFFLOT, 22

1889

IMPRIMERIE
CONTANT-LAGUERRE
LVX·IN·VITAN
BAR-LE-DUC

LA JUSTICE

DANS

LES COUTUMES PRIMITIVES.

J'ai essayé, dans cette étude, de rechercher comment les hommes ont suppléé au pouvoir judiciaire absent des sociétés primitives, comment la justice s'organisa et le droit fut réalisé à ces époques lointaines où l'État n'existait pas encore. Je me suis arrêté au moment où l'État, prenant quelque force, allait s'emparer de cet organisme primitif de la justice, construit sans lui, en dehors de lui, pour en faire une des branches les plus importantes de la puissance publique. La manière dont fut opérée cette conquête de l'État et la nature du lien qui rattache la justice à la souveraineté pourront peut-être faire l'objet d'un autre travail.

Les éléments de cet essai ont été fournis par l'histoire des peuples anciens. Peu de choses ont été empruntées aux peuples ou aux tribus vivant actuellement de la vie sauvage ou barbare. La raison en est qu'ayant parcouru les récits des voyageurs et même les rapports des missions scientifiques, je me suis trouvé, pour la même race et parfois pour la même peuplade, en présence des contradictions les plus formelles. Ne pouvant vérifier *de visu* les affirmations d'un chacun, j'ai dû passer outre. Les Sémites et surtout les Aryas ont été seuls le sujet de nos recherches. En général, nous sommes mieux renseignés sur les populations de l'ancienne Asie que sur celles de l'Asie contemporaine et surtout que sur les populations aborigènes de l'Amérique, de l'Afrique et de l'Océanie.

Les pages qui vont suivre ne constituent qu'un essai sur les questions délicates qui y sont abordées. On ne s'étonnera donc pas de certaines lacunes que l'auteur est le premier à signaler.

Ici, il n'a fait que poser des jalons; là, il a indiqué certains aperçus sans y insister. Quelques points de vue paraîtront peut-être assez nouveaux. Quant aux faits, s'il n'en a découvert aucun, peut-être a-t-il mis plus en relief certains d'entre eux.

A vrai dire, ce n'est qu'un travail d'exploration, accompli sans aucune idée préconçue, ne se rattachant à aucun système philosophique ou autre. Se souvenant de ces déclarations, le lecteur se montrera, j'espère, plus indulgent.

PREMIÈRE PARTIE.

LA SPONTANÉITÉ.

I.

Les milieux et les rapports sociaux.

L'état primordial de l'humanité nous est jusqu'à présent inconnu. Les investigations savantes à ce sujet seront long-temps encore du domaine de l'anthropologiste et du géologue. Tout ce qu'il nous est permis d'entrevoir, c'est la façon dont les premières sociétés se constituèrent. Sur cette question même beaucoup de points restent obscurs. Tandis que les uns font de la tribu la véritable cellule sociale, les autres pensent que celle-ci doit être cherchée dans une antique constitution de la famille.

Sans entrer dans l'examen de ces deux systèmes et des argu-ments qu'on invoque à l'appui, voici, brièvement résumées, les conclusions auxquelles j'ai cru possible de m'arrêter.

Sur un grand nombre de points du globe, la tribu fut la première forme d'agglomérat des êtres humains. Certains peu-ples ont conservé, dans leurs institutions, des traces évidentes de cet état social. De nos jours, on le rencontre chez les sau-vages de l'Afrique, de l'Amérique et de l'Australie. En Asie, dans un degré de barbarie assez avancé, il sert de base à l'or-ganisation de certaines peuplades dravidiennes. Il n'est pas douteux que les anciennes populations finnoises ou touranien-nes auxquelles il faut, sans doute, rattacher les Basques, le connurent. Voyons en quoi il consistait.

On doit se représenter la tribu primitive comme un en-semble d'individus dont elle était la seule cause de rappro-chement. Groupés par le hasard et dans le but de résister avec plus d'avantages aux dangers de toutes sortes, ils n'avaient pas entre eux, à l'origine, des liens d'attache beaucoup plus forts que ceux qui maintiennent les troupes de chacals ou de pécaris. Les rapports sexuels dépendaient exclusivement du caprice momentané. Toutes les femmes étaient communes à tous les hommes. On ne reconnaissait de parenté que par elles, et cette parenté n'avait d'autre effet que de faire adopter l'enfant par la tribu de sa mère. Ces agrégations, plus ou moins nombreuses, étaient, en quelque sorte, fermées et présentaient pour l'étranger une unité autonome et souveraine. Elles avaient une façon de gouvernement interne. Il le fallait bien pour maintenir l'ordre, lorsque les contribules se disputaient la meilleure part du butin ou la plus jolie femme. La réunion des vieillards exerçait cette autorité quelque peu précaire, toutes les fois qu'un chef unique n'était pas parvenu à s'imposer. Dans cet embryon de gouvernement très démocratique, les femmes exerçaient une influence égale, sinon supérieure à celle des hommes. Souvent une coutume s'établissait peu à peu, analogue à celles que nous voyons admises par les bandes de brigands et de voleurs. Là, gisait la première base de ce qui devait être plus tard le droit des contribules. Une certaine tendance à s'organiser se manifesta au sein des groupes; ils se scindèrent en vertu de lois qui nous sont inconnues et qui eurent pour conséquence l'éxogamie.

Toutefois, un grand nombre de peuplades sortirent d'assez bonne heure de cette infériorité sociale. Les passions furent, sans doute, l'aiguillon qui leur en fit secouer la chaîne dégradante. Le plus vigoureux des contribules voulut se réserver ses captives et le produit de ses razzias. A ses yeux, les enfants des femmes et le fruit des troupeaux avaient la même valeur et procuraient les mêmes avantages. Il éleva, au nom de l'égoïsme, une prétention égale sur les uns et sur les autres. Dans le but de réaliser cette prétention, il chercha à se séparer du groupe et tua souvent ses rivaux les plus hardis. Comme il n'aurait pu vivre isolé si des frères et des fils ne l'avaient pas secondé de leur force et de leur courage, il en groupa un certain nombre autour de lui, et à la communauté tribale succéda la communauté familiale (1).

(1) Pour plus de détails, voyez : Bachofen, *Das Mutterrecht*, Stuttgart,

Les Sémites et les Aryas semblent avoir atteint déjà ce degré de développement social à l'époque où leurs deux races se trouvèrent constituées (1). Chez eux, comme chez tous les autres peuples, on rencontre bien quelques restes qui permettent de soupçonner les conditions de l'existence antérieure, mais ils sont épars et sans importance, sauf peut-être chez les Lyciens, les Crétois, les Spartiates et les Celtes de la Bretagne et de l'Irlande. De nos jours, la liberté très grande dans les rapports sexuels et le complet mépris de la virginité des filles, tels qu'on les observe dans certains pays slaves, sont, peut-être, un dernier souvenir de ce vieux passé (2).

Mais, en ne considérant que l'ensemble des traits caractéristiques de ces deux races, on peut dire que, derniers venus dans l'ordre chronologique, les Sémites et les Aryas se différencient par l'usage de langues à flexions et un régime patriarcal originaire.

On a parfois distingué (3) la famille patriarcale des Sémites, telle qu'elle nous est merveilleusement dépeinte par les légendes d'Israël et qu'elle se rencontre encore de nos jours chez les Bédouins, de la *gens* gréco-italienne, laquelle n'est pas très différente de la famille germanique. Cette distinction est

1861, A. Post, *Die Anfänge des Rechts-und-Staatslebens*, 1878; *Bausteine für eine allgemeine Rechtswissenschaft auf vergleichend-ethnologischer Basis*, 1880-81, Oldenburg; Giraud Teulon, *Les orig. du mar. et de la fam.*, Paris et Genève, 1884.

(1) Pour les Égyptiens, Maspero, *Rev. arch.*, mai 1873; pour les Indiens, Adi-Parva, v. 4719; pour les Lyciens, Hérod., I, 173; pour les Spartiates qui n'avaient souvent qu'une seule femme entre les frères, Xenoph., *De Rep. Laced.*, I, 9; pour les Athéniens, mariage entre frère et sœur consanguins, et légende de la lutte entre Neptune et Athéné (Varron, cité par saint Augustin, *Cité de Dieu*); pour les Locriens, Polybe, v. 12; pour les Germains, Tac., *Germ.*, 20; pour les Celtes, César, *De bel. gal.*, v. 14; Strab., IV; Tacite, *Agr. vit.*, 15; *Ancient Laws of Ireland*, I, p. 391; pour les Baléares, Diod. de Sic., v. 18.

(2) V. Tsakny, *Le droit usuel chez le paysan russe*, dans la *Revue bleue*, 1887, p. 560 seqq. En sens contraire : Letourneau, *L'évolution dans le mariage*, 1887, Paris.

(3) Leist, *Græco-italische Rechtsgeschichte*, p. 64-65. Iéna, 1884 : « Das arische Volk hat in sich keine Elemente des Patriarchenthums; die alten Zustände im vedischen Volk, die von denen des arischen Stammvolkes, aus dem Griechen und Latiner abzogen, nicht wesentlich verschieden gewesen sein können, geben uns folgendes Bild. »

peut-être un peu subtile; elle repose pourtant sur une nuance qu'il est bon d'indiquer.

Un groupe d'agnats, vivant ensemble et régis monarchiquement par l'aîné de la branche aînée, voilà, je crois, le type essentiel de la famille patriarcale. Elle n'a qu'un chef. Il commande et les autres obéissent. Il est le seul membre de la famille qui soit indépendant. En un mot, celle-ci est tout d'une pièce et il ne peut y avoir de fractions dans son sein.

A l'origine, la *gens* gréco-italienne n'était pas autre (1); mais il est vrai que sa cohésion semble avoir disparu de bonne heure. Elle devint l'ensemble des familles unies par le lien agnatique (2). En somme, il y avait plusieurs *patresfamilias* dans la *gens*. Les branches cadettes avaient obtenu très vite des droits égaux à ceux de la branche aînée. Il est probable que celle-ci conserva le sacerdoce et la prérogative de diriger les assemblées des *gentiles*. Peut-être ne les garda-t-elle pas toujours; et la décision unanime de ces mêmes *gentiles* dut maintes fois placer à leur tête tel ou tel membre éminent, à l'exclusion de celui que la naissance avait désigné. Ces sortes de révolutions durent être fréquentes dans les *gentes* qui, s'étant acquis une primauté quelconque, sentaient le besoin d'avoir un chef capable et d'un ferme caractère. De nos jours, on a pu observer des phénomènes semblables dans les clans princiers de l'Inde. Bien que le chef y soit considéré comme le plus proche descendant légitime, en ligne directe, de l'ancêtre éponyme, la souveraineté est conférée au membre le plus populaire et le plus capable de la famille tribale, par la voix unanime des anciens (3). Pour l'antiquité, il me suffira de citer

----

(1) *Odys.*, IX, 112. Il est vrai que les Cyclopes personnifient peut-être des tribus de race finnoise. — Platon, *Lois III* : pour Platon, la famille est d'abord patriarcale; puis les chefs des familles ou des branches de la famille primitive sont autant de rois gouvernant ensemble.

(2) Le lien agnatique ne semble pas avoir eu une égale importance chez tous les peuples de la famille aryenne. Chez les Germains, par exemple, les cognats prenaient part à la vengeance et venaient au partage de la composition; « gentibus cognationibusque hominum qui una coierunt. » Cés., *De bel. gal.*, VI, 22; Tac., *Germ.*, 7. 20. 21. Voyez H. Brunner, *Sippe und Wergeld nach niederdeutschen Rechten, Zeitschrift der Savigny-Stiftung für Rechtsgeschichte*, III, p. 1 seqq.

(3) Voy. Sir Alfred Lyall, *Ét. sur les mœurs religieuses et sociales de*

deux sortes d'exemples : à Corinthe, les Bacchiades, et, à
Athènes, les Nélides, dont tous les membres, après la mort de
Codrus, prirent le titre de roi, tandis que l'un d'eux exerçait,
sur l'Attique, au nom de sa *gens*, la souveraineté à vie; enfin,
la famille sacrée de Mérovée, dans laquelle les Francs saliens
choisissaient, dit-on, leurs chefs de guerre (1).

Héréditaire ou non, le chef de la *gens*, à la différence du
patriarche, n'était plus qu'un *primus inter pares*.

La famille patriarcale ou la *gens* constituaient de véritables
souverainetés, mobiles ou sédentaires. Leurs membres étaient
unis par le lien du sang. Sans doute, une nombreuse domesti-
cité et une vaste clientèle s'y rattachaient autrement que par
la communauté d'origine. Mais ces serviteurs, ces esclaves, ces
clients, on les avait rendus participants au culte des ancêtres.
La *gens*, la famille les avait, en quelque sorte, adoptés. Le
régime auquel ils étaient soumis, était, en général, doux et
paternel. Eux aussi, ils étaient les protégés et les adorateurs
des divinités familiales !

A côté des familles et des groupes sociaux régulièrement
constitués, des groupes fortuits se composaient d'aventuriers
de tous pays et de toutes origines. Indépendants qui avaient
secoué le joug, individus expulsés de la tente ou du foyer
paternels, exilés des *gentes*, esprits inquiets, curieux de lointaines aventures, épaves de la ruine ou de la guerre, se réunissaient en troupes le plus souvent dangereuses, bandes de pillards ou de joyeux compagnons, toujours prêts pour quelque
razzia, soit de femmes, soit de troupeaux. Toute contrée possédait alors son antre de l'Aventin où se cachaient les Cacus,
ravisseurs de bœufs, ou sa cave d'Adullam, où rêvaient les
David, futurs séducteurs des peuples ! Les sociétés les plus
primitives ont, comme les autres, leurs déclassés. L'Inde a ses

l'Extrême-Orient, trad. franç., Thorin, 1885, pp. 424 et 432. Ce livre contient des renseignements fort intéressants, mêlés à des théories erronées.

(1) Notons, en passant, que l'origine de la famille mérovingienne est purement légendaire; mais sa légende nous montre de quelle façon l'autorité militaire était conférée dans certaines tribus germaniques : il y avait une famille
princière, au sein de laquelle les guerriers choisissaient leur chef, sans se
soumettre au hasard de l'hérédité. Cette dernière affirmation est mise en doute
par M. Fustel de Coulanges : *La monarchie franque*, p. 36. — V. Grég. de
Tours, *Hist.*, II, 9 ; Frédégaire, IX.

tribus de Minas, ouvertes aux aventuriers de toutes prove-
nances, aux exilés, aux outlaws, et cela pendant des siècles.
C'est à des gens de cette sorte que Romulus avait ouvert l'a-
sile, et que se rattachaient peut-être les condottieri Mastarna
et Vibenna.

Voilà, esquissé à grands traits, le tableau de la société primitive telle que je la conçois. Quelquefois les divers éléments
que nous venons de passer en revue, se superposaient; l'état
tribal subsistait à côté du patriarcat ou du clan. Les tribus
primitives, les bandes de pillards qui n'en différaient pas essentiellement, circulaient au milieu des smalahs et des *gentes* qui
se drapaient dans une sorte de dignité à l'approche de ces cou-
reurs, de réputation douteuse, sans culte et sans ancêtres. Elles
n'avaient point de rapports avec ces gens-là, ou, tout au moins,
elles évitaient d'en avoir. Mais les groupes purs communi-
quaient plus facilement entre eux, contractaient des alliances
et s'entr'aidaient en cas de péril. Souvent une antique parenté
créait entre deux ou plusieurs de ces petites agrégations un
certain devoir de respect et d'assistance. Dans la Genèse, nous
voyons les Abrahamites voler au secours des Lothites récemment séparés (1). La nécessité pouvait ainsi imposer une union
momentanée pour lutter contre un ennemi commun. A part ces
cas, chacun était libre d'aller où il voulait, de se fixer momentanément ou à demeure dans l'endroit qui lui plaisait. La
population n'étant pas très dense, on trouvait toujours un lieu
propice pour s'établir sans empiéter sur les droits acquis. Devant les hommes de ces vieux jours, les continents étendaient
leurs vastes horizons déserts, et le temps n'était pas encore
venu des grandes tueries pour s'en arracher les meilleurs lam-
beaux.

Tous les peuples ont conservé le souvenir plus ou moins
précis de cet état social. Quelques-uns même regrettèrent toujours ces temps où la vie était libre, pleine, franche de tout
embrigadement et de tout numérotage. D'autres s'essayèrent
à perpétuer, à travers les siècles, cet âge d'or de toutes les
poésies. Il n'est pas une race qui ne l'ait chanté, parmi celles
qui s'y sont endormies et celles qui ont eu le courage et le

_____

(1) Gen., XIV, XV.

génie d'en sortir. Les Beni-Israël furent longtemps à se consoler de l'avoir perdu. Leurs vieilles légendes et de fréquents rapports avec les tribus arabes exaltaient leur imagination et, dans la terre promise, leur donnaient la nostalgie du désert. Les Hellènes avaient des traditions semblables sur cet âge d'or qu'Hésiode se plaignait de ne plus rencontrer nulle part. Pourtant les Arcadiens, de sang pélasge, ces *enfants de la Terre Noire*, avaient su le retenir et conservèrent toujours leur vie pastorale. Pour le reste de la Grèce, il avait fui à l'époque de Cadmus, et bien vite lui avaient succédé les crimes, les corruptions de toutes sortes et la terrible histoire des Labdacides. Les Italiotes gardaient la mémoire du vieux Janus, le roi mythique et l'hôte de Saturne, cet ancien dieu qui semble avoir régné sur les hommes plus paternellement que sur ses enfants. « Alors « le crime n'avait pas encore fait fuir la justice, la crainte du « mal était le seul frein des hommes. Ni procès, ni guerre. « Janus gardait la porte de la paix (1). »

Certes, les actes de violence n'étaient point inconnus de l'âge d'or. Ils étaient même quotidiens ; mais ils n'étaient pas encore des crimes. L'usage de la force n'avait rien de honteux ; la vengeance était un devoir, la razzia une action d'éclat, la piraterie une carrière honorable. La notion du devoir ne s'imposait pas au delà du groupe où l'on était né. Hors de ce cercle très restreint, on ne se reconnaissait plus que des droits. Le crime, à ces époques reculées, ne pouvait être commis que par les bandes d'aventuriers sans aveu et sans famille, placées comme en dehors de l'ordre social et analogues aux Minas de l'Inde actuelle. Parce qu'elles vivaient à l'écart, on n'avait sur ceux qui les composaient que des données souvent très vagues. On répétait sur leur compte d'étranges histoires, dont le souvenir donnait le frisson quand on les apercevait, au loin, marchant dans la brume incertaine et déformante du soir. En Asie, ils ne croyaient pas aux Elohim ; en Italie, ils n'étaient point les sujets de Saturne. On les tenait pour des méchants, des mauvais, et c'est pour cela que leurs actions étaient des crimes. Mais l'homme de condition, le chef de smalah, le membre d'une *gens* régulière n'en commettaient pas. La constitution

(1) Ovide, *Fastes*, I, vers 235 et suiv.

rudimentaire de la société et l'état de la conscience humaine,
dans ces vieux temps, ne permettaient pas que leurs actes
pussent jamais paraître blâmables. A vrai dire, ces hommes
avaient une morale à leur manière et un droit à leur usage,
dont la force constituait la seule base sérieuse. L'isolement, la
nécessité de ne compter que sur soi et sur les siens exigeaient
une activité, qui leur donnait une bonne opinion d'eux-mêmes
et entretenait dans les groupes un orgueil qui était une dignité.

La force savait se modérer elle-même ; devant l'intérêt bien
entendu, elle s'inclinait. Les hommes qu'elle favorisait, ne
laissaient pas d'être chevaleresques à certains jours. En maintes
occasions, Abraham fut un galant homme à la façon d'Abd-el-
Kader (1). On se vantait de tenir la parole donnée. L'hospitalité créait un lien que rien ne pouvait plus rompre. La force se
fit un point d'honneur de ne s'en prendre qu'à la force. La réputation de l'âge d'or ne fut qu'à demi usurpée, et, si nous
n'avions pas les récits des voyageurs modernes pour nous faire
connaître les mœurs des Mongols et l'hospitalité des Arabes,
nous pourrions les deviner en nous rappelant ce qu'Hérodote
et Strabon (2) nous ont conté des Saces et des Scythes et les
vers du rapsode homérique : « Zeus tourna ses yeux splendides
« vers la terre des cavaliers Thraces, des Mysiens qui com-
« battent de près, des illustres Hippémolgues qui se nourris-
« sent de lait, et des Abiens, les plus justes des hommes (3). »

II.

Le droit. — Les rapports juridiques et leurs sanctions.

Tant que les tribus et les familles restèrent autonomes, elles
étaient entre elles dans la même situation que les États à l'é-
poque moderne. Leurs querelles ne pouvaient se trancher que

(1) Voy. E. Renan, *Hist. du peuple d'Israël*, I.
(2) Strabon, VII, 3. 7. 9. Ces traits se rapportent surtout aux Scythes nomades. Εἶναι γάρ τινας τῶν Νομάδων Σκυθῶν γάλακτι τρεφομένους ἵππων, τῇ
δικαιοσύνῃ πάντων διαφέρειν (§ 9) ; Hérod., IV *passim*.
(3) *Il.*, XIII, v. 3 seqq.

par les armes ou par des traités. Tout d'abord, le droit ne fut,
dans bien des cas, qu'un fait violent, passé à l'état de coutume
par la prescription. Les règles procédurales eurent leur première origine dans les actes de la justice privée. La force, qui
n'a jamais été une chose à dédaigner, puisque, lorsqu'elle n'a
pas permis de se passer de la justice, elle s'en est faite la pro-
tectrice et le vengeur, était alors seule maîtresse. Tantôt elle
garantissait le droit acquis, et tantôt elle le créait. Elle était
la reine effective de cet état social, et cela était raisonnable et
juste, puisqu'elle seule pouvait y mettre de l'ordre et procurer
la sécurité.

Chacun, étant son propre gendarme, se trouvait très bien
gardé. La famille, du reste, veillait sur ses membres, sur ses
clients, sur ses biens. Le moindre méfait était sévèrement et,
parfois, atrocement puni. Les crimes n'étaient pas plus nombreux que dans les sociétés avancées qui entretiennent à
grands frais une nombreuse police. Tout meurtrier savait que
le sort de sa victime l'attendait, lui et les siens. A cette pensée, plus d'un hésitait avant de frapper. La conséquence des
autres délits, vol, rapt, adultère, était identique. Une fois la
vengeance déchaînée, elle ne connaissait plus de borne; c'é-
tait la guerre sans loi ni merci. Il n'y avait alors d'exagéré
que la répression. Pour venger l'affront fait à une femme, on
massacrait la tribu du coupable tout entière (1).

A l'origine, l'idée directrice d'une pareille justice est dans
l'intérêt matériel. L'élément moral n'y entre pour rien. Le but
est de faire connaître à tous qu'on est fort, de mettre l'adversaire dans l'impossibilité de nuire, et quelquefois de compen-
ser par le butin le dommage éprouvé.

Mais cet intérêt matériel servait lui-même de modérateur à
la vengeance. Dans bien des cas, il l'arrêtait, ou du moins en
atténuait les effets. Souvent les individus, les familles, avaient
avantage à transiger. La victime ou ses vengeurs acceptaient
une réparation bénévole; c'était le rachat de la vengeance.
Parfois la famille ou la tribu du coupable se préservait en
livrant celui-ci. L'expulsion, le bannissement, *l'abdication*

(1) Gen., XXXIV, 25. — La vengeance d'un enlèvement forme le sujet de
la guerre de Troie et du Ramayana.

s'offraient comme des moyens de répudier toute solidarité avec lui et de détourner sur lui seul les efforts de la vengeance. L'abandon du corps du délit semble avoir été une autre manière d'éviter la lutte armée. La paix était conclue soit spontanément par les parties, soit par l'entremise d'un médiateur.

Cette façon de vider les querelles, de trancher les différends, ne comportait pas la distinction faite de nos jours entre les procès civils et les procès criminels. Dans ces temps reculés, toute violation d'un droit était un crime, c'est-à-dire un sujet de guerre. Il serait même plus exact d'y voir un affront qu'un crime. La considération du coupable n'en est pour ainsi dire pas atteinte; c'est celle de la victime qui pâtit, si l'exercice prompt et implacable de la vengeance ne la relève aussitôt aux yeux des hommes (1).

Un tel état de choses peut paraître étrange au premier abord; il est pourtant tout naturel. Aucun lien politique, aucune communion religieuse ne reliait les individus, ni les groupes sociaux. Ces derniers constituaient, les uns à l'égard des autres, de véritables souverainetés indépendantes. Ils agissaient en conséquence, et les principes qu'ils mettaient en actes, sont encore ceux de la diplomatie contemporaine. Les contrats étaient de véritables traités. Refuser de satisfaire à l'obligation qui en résultait, c'était déchirer le traité, le dénoncer. Si l'autre partie tenait à son exécution, la guerre devenait inévitable. On se disputait par les armes la possession d'un puits, d'un pâturage ou d'un rocher.

En fait, les conventions étaient le plus souvent respectées. On ne les violait guère que lorsqu'on avait la certitude d'être le plus fort ou qu'il y avait à le faire un intérêt évident. La lutte armée était une perpétuelle menace. En outre, les parties s'engageaient, d'ordinaire, par serment. Chacun prenait à témoin ses dieux ou ses ancêtres, en appelant sur sa tête leur malédiction s'il manquait quelque jour à la parole dont ils devenaient les garants.

Quel vieil usage que le serment et quelle curieuse histoire serait la sienne si l'on venait à l'écrire! Dans la haute anti-

(1) Dans la vieille loi irlandaise, le prix fixé pour le rachat d'une insulte faite à un homme s'appelait « l'honneur de cet homme ».

quité, le serment est comme un sceau verbal imprimant aux
affirmations des hommes un caractère religieux d'authenticité,
adjoignant à tous leurs engagements une garantie qu'ils ne
pouvaient trouver ailleurs. Partout, les esprits droits et simples des peuples enfants, auxquels manque, en général, le
sentiment exquis de la dignité personnelle, ont essayé au
moyen du serment d'écarter les soupçons de leur parole, au
crédit de laquelle ils n'avaient que de médiocres prétentions.
De nos jours encore, l'homme du peuple jure à tout instant et
à propos des choses les plus futiles, et, dans notre moyen-âge,
on retrouve le même emploi du serment qu'aux temps les plus
reculés; presque tous les actes juridiques sont accompagnés
du *juramentum* ou de la *fides*.

Les dieux punissaient les faux serments. Mais ils n'avaient
pas encore le don de sonder les reins et les consciences, ils
s'en tenaient aux paroles exprimées, et, les restrictions men-
tales étant permises, on ne s'en faisait point faute. Ce fut certainement à propos du serment que les premiers problèmes
de casuistique furent posés dans le monde. Du reste, les dieux
étaient trop intimement liés à l'individu, ils étaient trop siens,
pour qu'il désespérât de les fléchir. La garantie devenait alors
illusoire. Il fallait encore combattre et souvent l'issue de la lutte
témoigna que les dieux n'étaient ni incorruptibles, ni indiffé-
rents au fumet des chevreaux ou à quelques libations plus
abondantes.

Ces contrats, sous forme de traités, revêtaient un caractère
de solennité. Les serments échangés étaient accompagnés ou
suivis de sacrifices qui comportaient quelquefois un repas en
commun. A défaut d'acte écrit, la mémoire des témoins y
suppléait. « On ne doit pas traiter, même avec son frère, sans
témoin, » disait Hésiode (1). Pour plus de sûreté, on engageait, dans certains cas, des otages qui étaient les cautions de
de l'époque. Il n'y a rien d'hypothétique dans cette affirmation; est-ce qu'au moyen-âge une forme particulière de plé-
gerie n'était pas désignée par le mot *ostagium* (2)?

____

(1) *Trav. et jours*, v. 371.

(2) M. Esmein, *Étude sur les contr. dans le très anc. dr. franç.* : « La contrainte par corps, réalisée par un emprisonnement privé, est une institution

Du reste, la solidarité étroite qui existait entre les membres d'un même groupe, les rendaient tous responsables de l'engagement d'un seul. Cette conséquence est facile à expliquer. Ils vivaient en commun ou à peu près; le plus souvent, le traité conclu les intéressait tous. Il en résultait que chaque membre du groupe stipulant pouvait réclamer l'exécution tout entière de chaque membre du groupe adverse. Les chefs avaient parlé au nom des leurs qui se trouvaient ainsi engagés au même degré qu'eux; c'étaient des *correi* de fait. Les droits et la responsabilité appartenaient à tous, à un titre égal. La violation du traité entraînant la guerre ou des représailles, il était juste que les conséquences atteignissent également chacun des *correi* qui avaient manqué à la foi jurée. La mort ou l'esclavage ou simplement le pillage menaçaient la famille tout entière.

A l'origine, cette solidarité stricte était le résultat de la vie commune et de l'état social. Plus tard, quand cette primitive cohésion se fut relâchée et tendit à disparaître, les contractants voulurent parfois en conserver les effets à l'égard de certaines conventions. Alors la loi ou la coutume dut fixer les formes par lesquelles elle pourrait être reconstituée dans tel ou tel cas. Désormais, elle dépendit de la volonté des parties. Là eut sa source première cette vieille institution romaine que les commentateurs ont désignée sous le nom de corréalité (1).

que la coutume germanique légua à notre vieux droit coutumier, » pag. 127. — « Mais en disparaissant comme prérogative légale du créancier, le droit d'emprisonnement subsista comme garantie conventionnelle. »

(1) Chez les anciens Perses, « la famille et les parents des contractants paraissent avoir été les garants de l'exécution. On trouve quelque chose de semblable dans les très anciens codes brahmaniques et notamment dans celui qui porte le nom de Vichnou. » R. Dareste, *L'anc. droit des Perses*, *Rec. de l'Ac. des sciences mor. et pol.*, t. 126, an. 1886, p. 900. — Voy. les relations juridiques entre clans : Senchus Môr, *Ancient laws of Ireland* : I, p. 65 seqq. — A Rome, l'unité de l'obligation corréale s'est maintenue jusque dans le droit de Justinien. La *litiscontestatio* libérait tous les débiteurs *correi*, comme jadis le traité de paix tous les membres du groupe débiteur. — A l'origine, le *nexum* avait la même étendue. On considérait comme obligée la famille de l'emprunteur plutôt qu'un membre déterminé. — Chez les Hébreux, même solidarité. II Rois, IV : une femme vient trouver Élisée et lui dit : « Ton serviteur, mon mari, est mort... et voici que le créancier est venu prendre mes deux fils pour en faire ses esclaves. » — A Athènes, le débiteur insolvable

On trouve quelque chose d'analogue dans les plus vieux codes brahmaniques et dans le droit des Iraniens. Dans le Senchus Môr les relations juridiques ont lieu de clan à clan, plutôt que d'homme à homme.

Dans cette solidarité des membres d'un même groupe, on doit chercher incontestablement l'explication de la position avancée que le fidéjusseur occupe dans les vieilles lois grecques (1) et dans les coutumes germaniques (2).

Les Germains n'avaient pas renfermé cette solidarité dans les étroites limites de la famille agnatique. Tous ceux qui étaient unis par le lien du sang se devaient aide et protection. Pour tous la vengeance était un devoir, et le partage de la composition, du wergeld, un droit. Chez les Saxons, chez les Anglo-Saxons, chez les Frisons et les Francs, comme chez les autres Germains du Nord, le prix du sang se divisait en deux parties, la première attribuée à certains proches parents déterminés, la seconde répartie à la masse des parents. Les deux lignes, paternelle et maternelle, venaient au partage (3) et les descendants par les mâles n'excluaient pas les descendants par les femmes (4). Ce droit et ce devoir se perpétuèrent pour les parents pendant toute la monarchie franque (5) et traversèrent dans certaines contrées toute la période du moyen-âge. En Flandre, en Brabant, en Angleterre, en Hollande, en Dane-

était réduit en esclavage à moins qu'il ne livrât ses enfants à sa place : Plutarque, *Solon*, 13. — L. Alam. (Lib. II), 87 : Si quis contentio orta fuerit inter duas genealogias de termino terræ eorum, unus hic est noster : ibidem præsente sit homo de plebe illa, ponat signum ubi isti voluerint terminos et gerint ipsa contentionem... » Conf. L. Alam. Karol., 84.

(1) L. de Gortyne, §§ 50, 51; Dareste, *Nouv. Rev. hist. de dr.*, 1886, p. 269. Il paraît qu'en Égypte la caution était inconnue; les répondants n'étaient pris que dans la famille. Révillout, *Les oblig. en dr. égyptien*, p. 183. Chez les Hongrois, le cautionnement se fait aussi par famille. Dans certaines tribus slaves, les cautions se prennent par la main et forment un cercle pour marquer leur solidarité. Là, encore, la communauté de famille est la base et l'origine du cautionnement.

(2) Dans les lois barbares, il suffisait d'avoir mis le débiteur *in mora* pour avoir le droit d'attaquer le fidéjusseur. L. Burg., IV, 7; Roth, 245-6. Conf. L. Sal., 58. De Chrenecruda.

(3) L. Sal., 62, 66; L. Rip., XII, 2.

(4) L. Fris., XIX, 2. L. Sax., 14, 19.

(5) Boretius, p. 5, cap. 1; p. 10, cap. 3; p. 94.

mark, ils se retrouvent aux xive, xve et xvie siècles (1). M. Henri Brunner a suivi cette vieille coutume depuis les lois barbares jusqu'à une époque presque moderne et a indiqué de quelle façon, dans chacune de ces lois et aux diverses époques, s'était réparti le wergeld (2).

A côté de l'attaque directe à la personne, un autre moyen de contrainte pour obtenir l'exécution d'un traité consistait à saisir les troupeaux ou d'autres objets mobiliers. Ce n'était plus la guerre, mais ce que la diplomatie moderne appelle subtilement l'état de représailles, origine de la saisie privée qu'on rencontre au début de toute législation.

La convention qui donnait naissance, quand elle venait à être violée, aux fureurs de la guerre privée, servait aussi à la terminer et même à la prévenir. La foi que les parties pouvaient avoir en leur loyauté réciproque, les rapprochait; on laissait là les armes, et bravement on prenait des coupes afin de sceller par des libations un pacifique accord.

D'autres fois, c'était un tiers qui s'interposait et, par un discours homérique, montrait aux deux parties l'intérêt qu'elles avaient à rester en paix. Cet intérêt était parfois si évident que les parties le comprenaient toutes seules et remettaient le soin de trancher leur litige à un homme en qui elles avaient confiance. L'habitude s'introduisit d'avoir recours aux vieillards, aux scheiks de la tribu. Dans tous les cantons il y eut de ces sortes de Nestors universellement consultés et obéis. Tel ce Déjocès de la légende, recueillie, on ne sait où, par Hérodote, et à qui les Mèdes soumettaient leurs différends. La justice de ses sentences lui mérita, toujours d'après la légende, l'honneur d'être le fondateur de la monarchie mède (3).

L'arbitre succédait au médiateur. Dans la plupart des cas le serment qu'il faisait prêter aux parties, les gages qu'il les invitait à déposer et l'opinion publique suffisaient pour les contraindre à respecter la sentence. Quiconque a assisté à une foire dans une de nos provinces, a pu être témoin de faits de

____

(1) Leg. Henrici I, c. 72, 75, § 9. Andreas Sunesen, *Expositio juris scanici,* c. 47. apud Schlyter, *Cod. jur. scanici. Olim,* II, p. 428; Miroir de Saxe, III, 45, § 1.

(2) H. Brunner, *Sippe und Wergeld,* loc. cit.

(3) Hérod., I, 96 seqq. — Maspéro, *Hist. anc. des peuples de l'Orient,* p. 495.

ce genre. Une puissance publique n'a pas besoin d'intervenir pour que la justice se réalise parmi les hommes. Elle fut un produit spontané de la conscience naissante; l'instinct la révéla. Il en fut ainsi de tous les éléments essentiels de la vie sociale.

L'usage du pari remonte sans doute à ce premier âge de la justice. Il précède toute législation, et même toute jurisprudence. Celles-ci l'ont hérité de la coutume spontanée. Le pari a le double avantage de fournir un succédané des dommages-intérêts et de permettre à celui qui le propose de se rendre compte du degré de confiance que l'adversaire peut placer en la bonté de sa cause. Les plaideurs de ces âges lointains en firent donc, avant Pascal et avant Kant, un critérium de la certitude. Un différend s'élève, deux hommes se querellent; instinctivement, ils parient. Les arbitres n'auront plus qu'à décider quel est celui des deux qui aura gagné le pari.

Le serment devait aussi jouer un certain rôle dans ces débats improvisés. Parier, jurer, sont choses qui viennent naturellement aux lèvres des hommes peu cultivés. Pourtant, une légende hellénique attribuait l'invention du serment supplétoire à Rhadamante; ce qui lui assignerait une origine procédurale (1).

A côté de l'arbitrage qui est encore la seule forme pacifique de la justice chez beaucoup de peuples sauvages ou barbares, chez les Carolins et les Fuégins, par exemple, il pouvait y avoir d'autres modes de solution qui témoignaient du désir moins de rechercher la vérité et de faire prévaloir le droit que de terminer la dispute d'une manière quelconque. Parmi ces procédés, il en est un très curieux qu'il faut citer.

Un Groenlandais, lésé par un autre, provoque son adversaire à un combat de chant, et celui à qui reste le dernier mot, gagne le procès (2). Cet usage n'aurait-il pas appartenu jadis aux populations gréco-italiennes? Dans ce cas, certaines églogues de Théocrite et de Virgile en pourraient être les derniers échos. L'Edda nous offre de nombreux exemples de duels poétiques qui ne se comptaient pas toujours parmi les pures joutes

(1) Platon, *Lois,* XII.
(2) H. Spencer, *Princ. de soc.,* IV, p. 423.

littéraires; souvent le vaincu perdait la vie (1). L'Allemagne du moyen-âge connut aussi ce genre de combats.

D'un autre côté, Strabon rapporte, tout en le considérant comme une fable, le fait suivant : les Gaulois d'une tribu voisine de l'Atlantique tranchaient les litiges en exposant dans un lieu déterminé des appâts pour attirer deux corbeaux dont l'aile droite était blanche. Les oiseaux ne tardaient pas à voler vers le lieu indiqué; ils dévoraient la nourriture exposée par l'une des parties, et dissipaient l'appât exposé par l'autre. Celle-ci gagnait le procès. Peut-être faut-il reconnaître le caractère d'ordalie à ce dernier procédé. Comme je l'expliquerai plus loin, l'ordalie tire son origine de faits dans lesquels le hasard seul était pris pour juge, mais auxquels, plus tard, on ajouta un second élément, une prétendue intervention de la divinité, s'intéressant au triomphe de la justice. Cette croyance fut greffée sur un tronc purement matériel.

Avec le temps, des coutumes plus ou moins vagues se dessinèrent. Elles s'établirent sur des précédents. On se rappelait qu'en des circonstances semblables les ancêtres avaient ainsi agi ; on chercha à les imiter. Le droit fut appliqué *more majorum;* il eut sa source principale dans la jurisprudence orale, tombée des lèvres des sages. Bientôt apparurent les thémistes, θέμιστες. Mais avec eux nous entrons dans une phase nouvelle du droit et de la justice. Celle-ci devient théologique et poétique. Elle s'élève, s'épure, se dégage de la gangue matérielle dans laquelle l'avaient laissée la force et les premiers essais d'arbitrage. Du reste, les moyens de réaliser le droit vont rester les mêmes; mais l'arbitrage gagnera tout ce que perdra la force. Il s'agrémentera d'une procédure coutumière. Les mœurs deviendront plus douces, par intermittence. L'âge d'or est passé, et l'âge orphique commence.

L'esprit peu fécond des hommes antiques s'ingéniait à trouver des moyens de contrainte autres que la lutte ouverte. Mais celle-ci restait toujours le suprême refuge; à elle appartenait le dernier mot dans tous les litiges. Elle était la seule procédure d'appel. La nécessité contraignait les plus honnêtes à être forts ou rusés. La morale était d'un autre ordre que celle

(1) *Edda Sæmundar,* combat d'Odin et du géant Vafthrudnir.

d'aujourd'hui ; j'entends celle qui aujourd'hui règle les rapports des particuliers entre eux. Mais elle n'était pas sensiblement inférieure à la morale internationale des peuples contemporains.

Cet état violent où la réalisation du droit était placée sous la sauvegarde de l'initiative individuelle, de la *Selbsthülfe*, comme disent les Allemands, se rencontra chez tous les peuples, à l'origine. Par la force des choses, il fut commun à toutes les races. Ce serait, à mon avis, se tromper étrangement que de chercher un état social différent d'après la race. Tous les peuples sont soumis à des lois d'évolution à peu près identiques ; seulement les uns vont plus vite, les autres plus lentement. Peut-être même quelques-uns, pour des causes inconnues, se sont-ils jetés violemment en dehors de la ligne évolutionnelle. Il doit y avoir en ethnographie des monstres. Leur signe distinctif est d'être réfractaires au progrès, de rester stationnaires à jamais, quelquefois de redescendre les premiers échelons d'abord franchis. Mais quand il s'agit des institutions tout à fait primitives, on peut affirmer, sans crainte de trop s'écarter de la vérité, qu'elles ont été les mêmes à l'origine de toutes les races, et qu'elles ont régi également les premiers groupes humains.

III.

Influence de cette première période du droit sur les législations postérieures.

I. — Les premières législations semblent ne s'être proposé que de mettre de l'ordre dans les agissements de la poursuite individuelle, dont elles reconnaissaient hautement la légitimité.

Parfois, elles considèrent la vengeance comme un devoir, tant l'opinion et les mœurs eurent d'influence sur les premiers législateurs. Cet axiome : « Le sang demande le sang, » était attribué à Rhadamante. La loi n'était pas un progrès sur la coutume qui avait sur la loi l'avantage d'une sorte de droit d'aînesse. « La coutume, dit un proverbe russe, est plus ancienne que la loi ; » et la loi n'est souvent que l'expression momentanée et inféconde de la coutume progressive. Il n'existe de réels avantages à remplacer la coutume par des codes que le jour où, devenue trop complexe, elle ne peut plus être saisie dans son ensemble. Alors, comme un fleuve qui déborde, elle a besoin d'être endiguée. Ce jour se confond, d'ordinaire, avec celui où, la civilisation d'un peuple touchant presque à son apogée, la puissance productive de la raison et de la réflexion l'emporte sur celle de la spontanéité; alors les sources profondes d'où jaillit la coutume tarissent. La nouvelle puissance étant le lot d'un petit nombre, c'est à ce petit nombre que, logiquement, devraient appartenir le droit et le pouvoir de réformer et de coordonner les lois. Mais est-il nécessaire d'ajouter que l'ordre logique et l'ordre réel, qui se développent en suivant des voies parallèles, ne se rencontrent jamais!

Dans toutes les législations, nous retrouvons les restes de leurs origines violentes, restes qui nous ont permis de reconstruire l'état social précédent. Dans les lois barbares, la composition fait le fond du droit pénal. Elle pouvait servir de sanction à presque tous les délits, homicides, coups et blessures, vol, adultère, viol, *damnum injuria datum*. Toutes les plus anciennes lois qui nous sont parvenues, soit du Nord, soit du Midi, ont le même caractère et semblent conçues d'après le même type.

De la composition naquit l'idée du wergeld. Il faut pourtant distinguer les deux choses. La composition est exclusivement fixée par les parties. Elle est le rachat de la vengeance à laquelle un lien intime la rattache. On devine qu'elle est essentiellement variable. Le wergeld est le prix de l'honneur, il est fixe pour le même individu, et se calcule d'après une unité arbitraire (1). Il indique ce que vaut un homme aux yeux de la loi et les valeurs relatives des hommes entre eux suivant le rang social qu'ils occupent.

Cette remarque devait être faite, car elle décèle un élément nouveau introduit dans la coutume. En outre, un certain nombre de textes contiennent cette expression : « *de vita sua com-*

______

(1) Dans les *Ancient laws of Ireland*, il sert de point de départ à toute une petite arithmétique, IV, p. 421-23. — Voy. d'Arbois de Jubainville, *Nouv. Rev. hist. de dr.*, 1887, p. 66.

ponat. » On serait tenté d'y voir des ordres impératifs et souverains du législateur, s'attribuant la mission de punir le délit en dehors de toute poursuite individuelle. Mais, en rapportant le mot *componere* à sa vraie et primitive signification, on est conduit à donner à ces textes une solution absolument opposée. Par cette formule, la loi autorise la vengeance privée, elle la provoque même, et le coupable ne pourra y échapper qu'en transigeant avec la partie adverse. La loi n'intervient pas; au contraire, elle se retire et s'efface. Neutre, le juge attendra que la justice privée ait arraché du coupable les satisfactions qu'elle réclame, du sang ou de l'argent. Si les parties font appel à sa médiation, il leur offrira pour servir de base à la transaction le tarif légal, et proposera au coupable de payer le wergeld. Si celui-ci accepte d'accord avec l'autre partie, tout sera fini, sinon la justice privée reprendra son cours.

En général, le wergeld est plus ou moins élevé suivant que le coupable s'étant attaqué à plus ou moins forte partie, la vengeance aurait pu être plus ou moins terrible. Le roi a le plus haut wergeld, parce qu'il est plus difficile de lui échapper qu'à tout autre. Aux yeux de la loi, le plus puissant a la plus haute valeur. Ailleurs la loi a voulu protéger par un wergeld plus considérable les individus faibles ou plus exposés à être les victimes d'un délit, ou bien encore les personnes revêtues d'une dignité quelconque. Même lorsqu'il ne s'agit plus de crimes contre les personnes, les premières lois ne sont guère que des tarifs plus ou moins détaillés d'amendes.

En l'absence de toute action publique, cette conséquence s'imposait. Le débat s'engageait entre les deux parties; or, tout procès est plus ou moins un contrat d'où résulte une obligation; et dans toutes les législations, c'est un principe admis que l'objet d'une obligation doit pouvoir s'estimer en argent. La procédure antique, délictuelle à son point de départ, revêtait ainsi la forme contractuelle à son point d'arrivée. Cela était indépendant de la valeur objective de la sentence. D'abord, on ne s'attachait qu'à ce fait : un droit avait été méconnu. Pour la justice privée, c'était un crime : la réparation, la même dans tous les cas, résultait de l'exercice de la vengeance libre et sans frein. Mais, au contraire, que les parties convinssent d'un arbitre, du compromis naissait une obligation; le caractère délictuel s'effaçait, pour reparaître dès que l'obligation nouvelle serait violée et qu'il faudrait employer la force pour la faire respecter. Les premières lois calquées, pour ainsi dire, sur les formes de la poursuite individuelle en reproduisirent la marche et les divers aspects.

N'exagérons rien pourtant. De bonne heure, certains méfaits, comme le vol, l'incendie, les maléfices, l'adultère surtout, furent considérés comme des crimes infamants. On toléra que des peines fixées par l'usage leur fussent appliquées. Souvent le châtiment découlait d'une sorte de loi de Lynch. Au premier rang de ces sortes de crimes, il faut placer les sacrilèges et les délits d'ordre politique, mettant en péril la communauté tout entière; du reste, les crimes politiques étaient, en général, assimilés aux outrages envers les dieux. Le châtiment était une sorte de sacrifice, les prêtres seuls pouvaient l'infliger. En Germanie, on pendait à un arbre les traîtres et les transfuges; les lâches et les prostitués étaient plongés dans un bourbier et noyés sous une claie (1). La loi des Frisons punissait de même les sacrilèges (2). Il semble que, dans leurs assemblées guerrières, les Gaulois eussent la coutume de juger les crimes de haute trahison : la peine était la mort ou l'exil, et la confiscation (3). Au temps de César, les druides ne paraissent plus dans ces assemblées; mais, récemment encore, tout châtiment portait en lui l'image d'un sacrifice expiatoire. Les Romains et les Grecs n'étaient arrivés, en plusieurs cas, à atteindre un coupable qu'en le dévouant aux dieux.

Les faits qui, sans compromettre la sûreté commune, furent pourtant punis d'assez bonne heure, en vertu d'un droit pénal coutumier, furent ceux qui, dans la pensée antique, impliquaient une souillure et rendaient le coupable indigne d'approcher des dieux. Ils nécessitaient une expiation. Dans les anciennes cités grecques, le meurtrier, volontaire ou non,

---

(1) Tac., *Germ.*, 12. — Tit.-Liv., I, 26 : Lex horrendi carminis erat : Duumviri perduellionem judicent. Si a duumviris provocarit, provocatione certato; si vincent, caput obnubito : *infelici arbori reste suspendito;* verberato vel intra pomœrium, vel extra pomœrium. — Conf. Pline, 16, 26; 24, 9; Macrobe, *Sat.*, III, cap. 7.

(2) L. Fris., *Add. sap.*, 13.

(3) Cés., *De bel. gal.*, V, § 4, 56; VI, 26. 17. 20.

devait s'exiler (1), et, de plus, se soumettre à une cérémonie
religieuse. « La loi, dit Oreste, veut que tout homicide garde
« le silence jusqu'à ce qu'il ait été purifié par le sang d'une
« jeune victime. Eh bien! depuis longtemps et dans d'autres
« lieux, le sang des victimes et l'eau lustrale ont lavé mon
« crime (2). » On se rappelle le rite étrange auquel le vieil
Horace soumit son fils. Nous voyons, par les Commentaires de
César, que le pouvoir des druides était tel qu'il leur avait
permis de réprimer les crimes de droit commun et que les
voleurs, les brigands et autres criminels fournissaient la plus
forte partie du contingent des victimes humaines. Les Hébreux
et les Saxons punissaient l'adultère en abandonnant la coupable à la férocité populaire (3).

Comme la loi des XII Tables, çà et là les lois barbares
s'essayaient à édicter des peines corporelles. Visiblement, les
rois désirèrent le remplacement des compositions et du système de la vengeance privée par une sorte de droit criminel
public et relevant de leur autorité, qui ne pouvait qu'y gagner.
La loi Salique (4) ne contenait qu'un cas d'application directe
de la peine de mort, celui de l'esclave qui avait violé une
femme libre. On en trouvait un autre exemple dans la loi Ripuaire. Mais cette pénalité revient plus souvent dans les *capitula
extravagantia*. Les Mérovingiens (5) cherchaient déjà à créer
un droit criminel relevant de l'autorité royale, émanant d'elle.
De là des édits, des *decretiones* qui prouvent plus de bonne
volonté que d'intelligence de la part de leurs auteurs (6). Il
faut en dire autant au sujet des autres lois.

En cette absence des textes précis, des peines afflictives
étaient journellement infligées, en vertu de l'arbitraire le plus
complet, soit par le roi, soit par ses officiers. Grégoire de

(1) *Il.*, XXIII; *Odys.*, XXIII, XV. Eurip., *Hercule furieux*.
(2) Eschyle, *Euménides*. — Tit.-Liv., I, 26.
(3) Pour les Saxons : saint Boniface, *Lettre* 63.
(4) L. Sal., 73; L. Rip., 79.
(5) Édit de Childebert I, vol puni de mort ; — Édit de Childebert II : 4, rapt;
5, homicide; 7, brigandage, punis de mort; 8, voleur, pendu; — Édit de Clotaire II (614). — Pact. pro ten. pac. Child. et Clot. 2 : Si facultas deest tribus
mallis parentibus offeratur, et si non redimitur, vita carebit.
(6) Éd. de Chilper., 10.

Tours (1), Frédégaire nous en donnent de nombreux exemples. Sans s'inquiéter de la loi, ni de la coutume, les comtes infligeaient des châtiments toutes les fois que ces deux conditions se trouvaient réunies : qu'ils voulussent et qu'ils pussent. C'est dans ces actes d'arbitraire que se cache la première origine d'un droit criminel public, encore plus que dans les textes de lois qui édictent bien des pénalités, mais ne prennent aucune mesure en ce qui concerne l'instruction ou le jugement. Aucune limite n'était fixée au pouvoir du comte, à plus forte raison au caprice du roi. La plupart des exécutions faites par son ordre portaient, comme celles accomplies sur l'ordre des premiers rois de Rome, celles de Métius Suffétius ou des fils d'Ancus, par exemple, le caractère d'actes politiques, arbitraires et brutaux. Les comtes faisaient subir la prison préventive aux personnages les plus distingués, les condamnaient aux fers et au fouet par la seule raison qu'ils gênaient (2). A cette époque, la théorie de l'acte gouvernemental fleurissait à l'aise. On s'acheminait ainsi vers un état social nouveau. Mais le véritable mode de réparation originaire avait été et restait encore universellement la composition, en bétail ou en argent.

A côté, l'abandon noxal était bien admis comme moyen de satisfaire aux exigences de la personne lésée, mais il était emprunté lui-même aux procédés de la coutume spontanée.

La réforme introduite par la rédaction des coutumes barbares fut, du reste, plus apparente que réelle. Les nouvelles lois n'eurent pas, à proprement parler, une force impérative et contraignante. Elles invitèrent plutôt les parties à se conformer à leurs prescriptions qu'elles ne les y obligèrent. L'ancien état de choses ne disparut point devant elles. La guerre privée, le rachat de la vengeance librement débattu entre les parties, les représailles, les saisies à main armée subsistèrent (3). La loi ne s'appliquait que lorsque les plaideurs voulaient bien s'y soumettre. Elle ne contenait qu'un avis sur la façon dont l'autorité naissante entendait exercer son pouvoir arbitral, lorsqu'on voudrait y recourir ; c'est ainsi qu'elle fixait les compo-

(1) Grég., IV, 13. 41. 44 ; V, 17. 19. 25. 26. 48. 49 ; VI, 8. 145 ; VIII, 11. 21. 30. 36 ; IX, 9. 10 ; X, 19. 20. Fredeg., LVIII.
(2) Grég. de Tours, IV, 44 ; V, 19. 49.
(3) Grég. de Tours, VII, 47 ; X, 8.

sitions à un taux raisonnable. Elle restreignit le rôle jadis actif des parents de chaque partie à celui de cojureurs. Au lieu de combattre aux côtés de leur client, ils affirmèrent solennellement leur foi en sa véracité. Mais ils indiquaient, en même temps, par cette affirmation, que, confiant dans la bonté de sa cause, ils seraient prêts à la soutenir par les armes, au cas où la procédure pacifique n'aboutirait pas. Celui qui ne trouvait pas de cojureurs, était précisément le même qui, aux temps du règne exclusif de la pure justice privée, eût été abandonné des siens, exilé de son groupe ou abdiqué par sa *gens*

Il semble que, dans certains cas, la guerre privée ait été limitée à deux personnes et que le duel ait remplacé la lutte des groupes et des familles.

Le duel eut sa place parmi les procédés qu'employaient les hommes antiques pour résoudre les procès sans avoir recours au juge; mais je ne crois pas qu'il faille lui reconnaître, au moins à l'origine, un caractère franchement procédural. C'était la guerre limitée, réglementée même, mais c'était toujours la guerre. Le combat singulier n'avait pas exclusivement pour objet de mettre un terme aux litiges. Dans l'*Eyrbyggia saga* (1), nous voyons les guerriers islandais provoquer en duel le possesseur du sol ou de la femme qu'ils convoitent, le tuer d'ordinaire et rester légitimes propriétaires soit du sol, soit de la femme. Il faut avouer que la justice et le droit ne trouvaient guère leur compte à ces sortes de combats.

Dans les monuments du droit bréhon (2), le duel prend une forme plus précise. Pour deux cas déterminés, il a des règles spéciales. La présence de témoins est exigée; il est même prudent pour le demandeur de convoquer la famille du défendeur; en tous cas, il doit l'informer de la provocation. A défaut des parents de son adversaire, il prévient le chef du clan ou le supérieur ecclésiastique. On ne peut appeler en duel un incapable sans qu'il soit muni de l'autorisation de son père ou de son tuteur. Les conditions essentielles accomplies, le duel peut avoir lieu : 1° en vertu d'un contrat, et alors il est admis pour toutes sortes de litiges. Le contrat règle les conditions du combat, et

(1) Ch. VIII.
(2) *Anc. laws of Ireland,* IV, p. 33, I, 176.

les conséquences de la victoire et de la défaite; — 2° au refus de laisser procéder à une saisie légalement faite; le saisissant provoque alors son adversaire en combat singulier (1).

En général, le vainqueur a le vaincu à sa merci. Il peut le dépouiller de ses vêtements et de ses armes, lui couper la tête, qu'il emporte chez lui comme un trophée. L'obligation de prévenir la famille et de faire publier la provocation a pour but de permettre aux parents et aux personnes dont relève le défendeur, d'intervenir à temps pour empêcher le duel en donnant satisfaction au demandeur. Leur présence au combat est une garantie pour ce dernier, dont on ne pourra soupçonner la loyauté, s'il est vainqueur.

Cette sorte de duel a un caractère bien antique, bien primitif. Mais, précisément à cause de ce caractère, on ne peut la ranger parmi les coutumes procédurales. Le juge n'intervient pas. Rien de commun avec notre duel judiciaire; ce sont les individus, ou leurs familles, qui règlent les conditions du combat. Comme je l'ai dit plus haut, c'est encore la guerre, mais la guerre réglementée, la guerre précédée d'un traité, d'une sorte de protocole auquel les combattants sont convenus de se soumettre pendant le cours des hostilités. Ces hostilités, elles sont rendues nécessaires soit par l'impossibilité d'une entente entre les parties, ou un refus d'arbitrage de la part de l'une ou de l'autre, soit par l'opposition armée faite par le défendeur à la marche régulière d'une procédure établie par la coutume. C'est donc l'initiative privée qui reprend son droit. Elle consent à se soumettre à certaines règles, comme le font encore aujourd'hui (2) en cas de guerre les peuples civilisés, mais la concession est faite de plein gré et pourrait être refusée. Le débat ne se limite pas encore aux deux champions; il intéresse leurs familles, qui les assistent, qui peuvent charger un certain nombre de leurs membres de prendre part à la lutte (3).

Le seul avantage de cette guerre limitée consistait, je crois,

(1) D'Arbois de Jubainville, *Revue celtique*, t. VII, 1886, p. 13.

(2) Par exemple, la convention de Saint-Pétersbourg interdisant entre les puissances signataires l'usage de balles explosives et autres engins du même genre.

(3) Le duel s'appelle en irlandais *comrac*. Quand le combat ainsi réglé a lieu entre un plus grand nombre de champions, il s'appelle *cath*.

dans la suppression du paiement de la composition à la suite du meurtre. Dans les coutumes irlandaises, il en était ainsi, toujours, lorsque c'était le provocateur qui était tué, et, dans la plupart des cas, lorsque c'était le défendeur qui voyait tourner contre lui la chance du combat.

Le duel avait donc, quant à ses effets, une grande analogie avec le serment. Celui qui provoque en duel son adversaire ou qui lui défère le serment s'abandonne à la merci de cet adversaire. Quel que soit le résultat, le différend est terminé, le litige s'évanouit. Celui qui prête le serment qu'on lui défère, ou tue l'homme qui l'a provoqué en duel, gagne son procès. On n'a plus rien à examiner, ni rien à lui demander. Mais qu'il refuse de jurer ou qu'il soit vaincu par les armes, il est condamné. C'est en cela, peut-être, que le duel se distingue de la guerre privée, qui pouvait se perpétuer indéfiniment et pendant une longue suite de générations, comme de nos jours encore, en Corse, la vendetta. Il fallait qu'un traité intervînt pour mettre un terme à cette suite de vengeances appelant d'autres vengeances. Au cas de duel, on traitait avant l'ouverture des hostilités et on leur fixait un terme, on leur donnait des bornes. A ce jeu de hasard, les mises ne furent plus que partielles, et c'est par là que le duel peut être considéré comme un acheminement vers les institutions procédurales.

Le duel existait dans des conditions analogues chez les Islandais. Peut-être en était-il de même chez les Celtibères auxquels Tite-Live attribue une sorte de duel judiciaire, mais sans nous donner des renseignements précis. J'imagine que les Germains procédaient en vertu de règles à peu près semblables. Tacite constate leur habitude de se battre en duel au sortir des orgies. Il est probable que les disputes qui prenaient ainsi naissance, ne valaient pas que des familles entières se décimassent. On limitait la guerre aux deux convives, et quel que fût le résultat de la lutte, tout était terminé.

Le duel n'était pas encore le jugement de Dieu, ou du moins la divinité ne se croyait pas obligée de faire triompher la bonne cause. Dans le duel entre Ménélas et Pâris, Apollon est visiblement partial en faveur de Pâris. Ni Tite-Live, à propos des Celtibères, ni Tacite, à propos des Germains, ni les vieux textes irlandais ne nous permettent de supposer que, à l'origine, aucune pensée religieuse ait été mêlée à cette sorte de combats. Évidemment les combattants devaient fatiguer leurs dieux de prières et d'offrandes pendant les heures ou les jours qui précédaient le duel, et cela, qu'ils eussent conscience ou non de leur bon droit; car les dieux estimaient et protégeaient les hommes beaucoup plus d'après les avantages qu'ils en tiraient que d'après les règles de la morale. Nulle trace de cette croyance que la divinité devait nécessairement faire triompher celui des combattants qui avait pour lui le droit et la justice. Il aurait fallu pour cela qu'on crût cette divinité essentiellement juste, indépendante des deux plaideurs, maîtresse et juge de l'un et de l'autre. Le Christianisme seul put faire pénétrer cette idée, et encore d'une façon bien vague et bien superficielle, dans l'esprit de ces peuples barbares.

Le Christianisme ne devait-il point, par l'ensemble de sa doctrine, être opposé à ces consultations sanglantes du Dieu qu'il venait annoncer au monde? Oui, mais le peuple met du sien partout. La superstition populaire attacha à la coutume du duel une idée religieuse. Cette croyance fut si forte, que l'Église renonça, à certains moments, à lutter contre elle et admit le duel au nombre des ordalies (1).

(1) Tit.-Liv., XXVIII, 21; Tac., *Germ.*, 10; Grég. de Tours, VII, 14; L. Rip., 32. 57. 59; L. Bav., 12. 8, 17. 2. 3. 4, 18. 1. 5 ; L. Burg., 8. 45; L. Alam., 87; L. Thur., 1. 31. 7. 8; L. Fris., 7. 8; L. Lomb., I, 32. 3; 35. 1 ; II. 35. 2. Edit de L. le Deb., 803; Liutprand, 15. — Je répète que je ne puis voir dans le duel qu'une des formes de la poursuite privée, réglée par la coutume, et n'ayant, du moins à l'origine, aucun caractère procédural. Dans plusieurs lois barbares, il a déjà ce caractère; mais on voit bien encore qu'il est la suite de la lutte privée; le titre 87 de la loi des Alamans nous montre une procédure assez analogue à celle du *sacramentum*, avec cette différence que le contrat étant non pas figuré, mais réel, le *sacramentum* n'est pas nécessaire. — Dans la loi des Burgondes, t. 45, on lit : « Multos in populo nostro et pervicatione causantium et cupiditatis instinctu ita cognoscimus depravari, *ut de rebus incertis sacramenta plerumque offerre non dubitent et de incognitis jugiter perjurare*....... ut si pars ejus cui oblatum fuerit jusjurandum, noluerit sacramenta suscipere, sed adversarium suum veritatis fiducia armis dixerit posse convinci, et pars diversa non cesserit, pugnandi licentia non negetur. » Eh bien ! ce texte émet des idées absolument étrangères aux Germains avant l'invasion. « Multos in populo nostro et pervicatione, » etc. Voilà comment on n'a jamais parlé en Germanie ! C'est là un style de roi arien, un rescrit fait sur les bords du Rhône. Ce qui était germanique, c'était la coutume du combat; ce qui, à coup sûr, ne l'était pas, c'était le motif invoqué pour légi-

Un fait incontestable est que le duel antique n'avait rien de commun avec le point d'honneur. Il ne pouvait donc constituer une sorte de juridiction pour les délits et les injures dont il est délicat de ne pas faire l'objet d'un débat public et souvent inutile.

J'ai déjà dit que la même solution était admise pour les contestations civiles et pour les criminelles. Une classification de ce genre ne pouvait être faite à cette époque. Le débiteur était coupable au même titre que le meurtrier. Le même intérêt commandait de leur faire un sort égal; c'est ce qui fut admis tout d'abord. La loi des XII Tables semble s'être montrée plus respectueuse des vieux usages sur ce point que sur celui même de l'homicide ou de tout autre attentat contre les personnes. Le débiteur insolvable, engagé par le *nexum*, pouvait être mis à mort et les créanciers avaient droit à se partager son corps; ils pouvaient aussi le vendre comme esclave *trans Tiberim* (1). La même chose se passait dans les temps où l'État n'existait pas; et il est facile de le concevoir. Vainement le débiteur avait-il alors le droit de résister et rien ne

timer le duel. Il ne faut donc pas attribuer aux Germains des âges antérieurs, les idées et les formes judiciaires admises par ceux du temps de Gondebaud. Ce qui prouve que le duel ne fut pas inventé pour empêcher les parjures, c'est que les champions prêtaient d'ordinaire serment avant de combattre. Rotharis admit, lui, que, dans certains cas, le serment prêté dispenserait du duel. — Du reste, le duel avait lieu entre toutes les classes de la société. Plus tard, les vilains se battirent au bâton, mais sous les deux premières races, cette distinction n'est point faite. Cap. de Louis le Débon., 819.

(1) En Égypte, l'exécution sur la personne ne fut interdite que par une loi de Bocchoris. Diodore de Sic., I, 2º. 79. — Chez les Hébreux, elle s'exerçait au moins au temps d'Achab, malgré la prétendue antériorité de la *thora*. II Rois, IV. — A Athènes, le débiteur insolvable était livré en esclavage, à moins qu'il ne préférât abandonner ses enfants au créancier. Plutarque, *Solon*, 13. — En Norvège, le débiteur insolvable était placé, jusqu'au paiement, par son créancier, dans une situation analogue à celle que les Romains appelaient *in mancipio*. S'il ne pouvait s'acquitter par son travail et que ses parents ne le libérassent point, le créancier pouvait le tuer ou le mutiler. Le code de Magnus lui permit de s'affranchir de cette servitude en jurant de s'acquitter dès qu'il le pourrait. Même chose en Islande. A Rome, la prison publique ne fut substituée à la prison privée, en ce qui concerne les débiteurs, que sous les règnes de Zénon et de Justinien. LL. 1 et 2, C. IX, 5, *De carc. priv.*

le gênait-il dans sa libre défense. Presque toujours l'homme, qui était l'obligé d'un autre, étant plus faible que lui, se trouvait à sa merci. Quand il s'agissait des actes que nous rangeons aujourd'hui sous la dénomination de crimes ou de délits, meurtres, razzias, etc., souvent les deux parties se trouvaient de forces à peu près égales; elles en étaient réduites à la guerre et l'incertitude du combat pouvait les rendre plus accommodantes et plus disposées à écouter les propositions pacifiques d'un médiateur officieux. Celui-ci, au contraire, se fût interposé en vain entre le débiteur et le créancier, indubitablement plus fort et plus puissant. De sorte que là surtout la répression était fatale et terrible, où nous ne la croyons plus nécessaire, où nous n'admettons même plus la contrainte par corps. La constitution de l'État ne changea rien, d'abord, à la condition des *nexi*. Sous le régime du clan et de la *gens*, comme sous celui de la cité, l'*ergastulum* du riche avait été souvent le domicile du pauvre (1). Quel chemin parcouru depuis ces vieux temps! Le droit romain accomplit lui-même toute cette évolution. Aux temps classiques, il n'est plus vrai de dire qu'il favorise le créancier en accablant le débiteur. Non, il tient désormais la balance égale ou légèrement penchée du côté du débiteur.

II. — Chez tous les peuples, il resta, pendant des siècles, des projections, si je puis m'exprimer ainsi, de cette première couche sédimentaire du droit. Elles pénétrèrent les couches supérieures et sur plus d'un point en brisèrent les strates.

Les Sémites pratiquèrent et pratiquent encore la justice privée (2). Dans la vie errante qu'ils mènent pour la plupart, elle est la seule forme possible du droit. Tout porte à croire qu'elle régissait encore les Beni-Israël, à l'époque des Juges, dans les plaines de Moab. Pourtant la tradition voulait qu'elle ait été interdite par Moïse, qui aurait abaissé l'ancien principe de la solidarité familiale devant l'idée nouvelle de la personnalité des peines (3). Le livre des Nombres interdisait l'usage des

____

(1) J'ai indiqué plus haut la coutume des emprisonnements privés en Germanie. V. p. 13. Comp. : Plut., *Furius Camillus;* Tite-Live, VIII.

(2) Gen., IX, v. 5-6. Il en est de même chez les Kabyles de l'Algérie qui appellent la composition la *dia*. V. *L'Algérie et la Tunisie,* par M. Paul Leroy-Beaulieu, p. 383.

(3) Num., XXXV, 31; XXIV, 16.

compositions pécuniaires en ce qui concerne le meurtre (1).
Elles étaient admises dans des cas moins graves, où la loi du
talion ne pouvait trouver place, par exemple, dans le cas de
blessures ayant déterminé un avortement et dans celui de sé-
duction (2). Iahvé tolérait même qu'on se rachetât ainsi des
vœux qu'on lui avait faits (3). Il était pourtant un dieu de
sang. La peine de mort (4) est prodiguée dans les lois qu'il
dictait à son peuple d'une façon intermittente. Elle était la
sanction de simples péchés, de prescriptions purement rituelles.
Mais, si c'est la loi qui la prononce, c'est le plus proche parent
de la victime qui a le devoir impérieux d'en poursuivre l'application. Il continue à être le goël (5). Il réclame des juges le
droit de faire ce que, chez ses congénères, les Arabes, le taïr
accomplit de sa propre initiative. Les parents de la victime
exécutaient eux-mêmes la sentence ; c'était une satisfaction
donnée aux anciennes coutumes. Mais autant le rôle de vengeur pouvait paraître chevaleresque, autant celui de bourreau
concédé à la famille de la victime nous répugne. Au point de
vue d'une haute moralité, la Thora ne progressait pas sur la
vieille coutume, tout au contraire (6).

Deux institutions nous permettent de fort bien entrevoir
l'état violent de l'époque précédente : ce sont, d'abord, la création de villes de refuge pour le meurtrier involontaire, qu'on
protégeait évidemment ainsi contre la poursuite individuelle ;
ensuite la peine du talion appliquée en nombre de cas et substituée à l'exercice de la pleine vengeance (7). La Thora cherchait à mettre un frein aux sentiments haineux. On n'était plus
au temps où l'on pensait que « Kaïn doit être châtié sept fois,
« et Lémek soixante-dix fois. »

Le voleur qui ne pouvait réparer le tort qu'il avait causé,

(1) Num., XXIV, 16 ; XXXV, 31.
(2) Num., XXI, 22 ; XXII.
(3) Num., XXI, 22.
(4) Ex., XIX, 13 ; Lév., XX, 2. 14 ; XXIV, 14 ; XXI, 7 ; Jos., VII, 25.
(5) Dans l'idylle de Ruth, Noémie dit en parlant de Booz : « Cet homme
est notre proche et de nos goëlim. » Num., XXXV, 25.
(6) L'exécution de la sentence par les parents se retrouve en Scandinavie
et actuellement en Éthiopie.
(7) Conf. : Coran, II, 173. 175 ; XVII, 35 ; Ex., XXI, 24. 25 ; Lév., XXIV,
12, 20 ; Math., V, 38 ; Gen., IX, 6.

devait se livrer en esclavage (1). La loi lui imposait ainsi ce
que jadis la force avait coutume d'exiger de tout débiteur insolvable (2).

Les Aryas passèrent par les mêmes phases. L'usage de la
vengeance est considéré, dans l'Inde, comme légitime par les
Instituts de Gautama, et le taux des compositions pécuniaires
est fixé par le code de Vichnou. Jusqu'à l'époque de la conquête anglaise, elle fut en pleine vigueur aussi bien dans les
clans purs de Radjpoutes que dans les tribus sauvages des
Bulhs.

Pour la Grèce, nous nous contenterons d'analyser rapide-
ment la législation athénienne. Elle a conservé plus que toute
autre le souvenir de l'époque barbare (3), bien que les Athéniens se soient vantés d'avoir, les premiers, aboli les guerres
privées. Chez eux, la loi est tout d'abord cruelle. Comme la
vengeance, elle veut la mort du coupable toutes les fois que la
composition en bétail n'est pas acceptée (4). La poursuite est
confiée au père, au frère, au fils, aux cousins, et, à défaut,
aux membres de la phratrie de la victime. Elle est un devoir
sacré, imposé sous peine d'impiété.

L'Aréopage, le plus ancien des tribunaux d'Athènes, eut,
de bonne heure, pleine juridiction dans les quatre cas d'assas-
sinat, de blessures préméditées, d'incendie et d'empoisonne-
ment. Mais il ne paraît pas avoir toujours eu ce rôle souverain.
A l'origine, il n'était sans doute qu'un tribunal arbitral composé de Gérontes. Sa juridiction n'était point assise sur un territoire déterminé; c'est pour cela que la tradition amenait
Oreste à sa barre. La façon dont il siégeait, en plein air, sur
un terrain consacré et dans un cercle où se trouvaient les pier-
res de l'outrage, ὕϐρις, et de l'intransigeance, ἀναίδεια (5), rappelle assez la célèbre scène judiciaire du bouclier d'Achille. Il
resta, comme souvenir de cette première période, que le cou-

____

(1) Ex., XXII, 3.
(2) II Rois, IV, 1.
(3) Hom., *Il.*, IX, XVIII; *Odys.*, VIII.
(4) Pollux, IX, 60.
(5) Devant l'une se tenait le défendeur, devant l'autre le demandeur. La
seconde tirait son nom de ce que la partie qui se plaçait près d'elle n'avait
pas voulu transiger à l'amiable.

pable put toujours se soustraire à la sentence de l'Aréopage
en prenant le chemin de l'exil.

Quant au meurtre simple ou excusable, il était de la compétence des Éphètes. La loi avait supprimé pour lui la vengeance sanglante; la peine ne pouvait être que l'exil (1). C'é-
tait faire l'application d'un très vieux droit des cités grecques.
L'histoire de Patrocle en fait foi. Les Éphètes étaient plutôt
des médiateurs que des juges. Leur devoir était, au lieu de
punir, de s'efforcer d'amener une transaction.

Au cas de meurtre involontaire, le retour du banni dépen-
dait de la famille de la victime. Celle-ci renonçait souvent,
moyennant le prix du sang, ὑποφόνια, à exiger l'exil du coupable. La transaction se faisait par l'intermédiaire des Éphètes,
devant qui s'accomplissait, en même temps, l'expiation religieuse. L'exil n'était, au reste, qu'un moyen d'empêcher la
vendetta de troubler la cité, et une planche de salut que la
loi, plus humaine, tendait au coupable. S'il l'a méprisait, tant
pis pour lui. La mort menaçait l'exilé qui rompait son ban.
Sans doute, la loi athénienne ne permettait pas aux citoyens
de se faire justice eux-mêmes sur les places publiques, mais
elle permettait à la victime ou à ses vengeurs d'arrêter le coupable et de le traîner devant les Onze qui, sur leur réquisition
et après une simple constatation d'identité, devaient le mettre
à mort.

Enfin, quand l'ordre public interne n'en pouvait être troublé
et que la vengeance ou les représailles étaient les seuls moyens
de réaliser la justice, la loi athénienne laissait l'intéressé libre
d'agir à sa guise; c'est ce qui arrivait pour le cas d'andro-
lepsie. L'Athénien qui n'était pas vengé par la loi du pays
où il avait été tué, devait l'être par la poursuite individuelle,
et, pour assurer ce résultat, les vengeurs pouvaient commen-
cer par saisir trois otages.

Toute cette législation est encore debout au temps de Dé-
mosthène. Lui-même indique que les parents ne peuvent transiger sur le meurtre de leur proche qu'à l'unanimité (2).

La loi de Gortyne nous a révélé des mœurs judiciaires ana-

____

(1) Pour le meurtre involontaire, l'exil était d'une année.
(2) Démosth., contr. Arist., 53; contr. Macart., 17.

logues chez les Crétois qui, au temps de Solon, étaient encore au régime des compositions et des cojureurs. La procédure en matière d'adultère, indiquée par cette loi, nous reporte à la période spontanée du droit et nous fait souvenir des mœurs homériques. Le coupable ou ses parents paieront la composition. S'il n'est pas racheté, ceux qui l'auront pris pourront, au bout de cinq jours, en disposer à leur gré (1).

Rome ne pouvait échapper à la loi commune. Elle garda, jusqu'après les XII Tables, le signe de son origine patriarcale et barbare. Sans doute, les guerres privées n'avaient plus cours, mais il restait de vieilles expressions, des formes de procédure singulières qui rappelaient les mœurs disparues. La vengeance subsistait atténuée, réglée, dans la loi du talion. « La loi a permis cette sorte de vengeance, » dit Festus (2). Comme l'ancienne vengeance privée, le talion peut être l'objet d'une composition en bétail ou en argent. De là ces expressions qui ont passé dans la langue juridique, *pœnas dare*, *pœnas solvere*, *pandere*, *sarcire*, qui toutes se rapportent à un prix payé à l'occasion d'un délit; c'est encore Festus qui le constate (3). La formule de l'*actio furti*, rapportée par Gaïus, éveille la même idée : *Pro fure damnum decidere*, cela signifie transiger pour cause de vol (4).

En fait, la peine de mort était rarement appliquée. L'autorité publique ne prenait aucun souci de rechercher les crimes; elle considérait ce soin comme l'affaire des héritiers, et cela non seulement à l'époque des XII Tables, mais encore sous l'Empire où un sénatus-consulte (5) déclarait qu'il était honorable pour les héritiers de ne pas permettre que la mort de leur auteur restât sans vengeance.

Les Romains furent longtemps avant de faire une distinction bien nette entre les obligations nées *ex delicto* et les obliga-

____

(1) *La loi de Gortyne*, par R. Dareste, II, §§ 6 à 10; *Nouv. Rev. hist. de dr. fr. et étr.*, année 1886, p. 249.

(2) V° *Talio*; voy. Tab. VIII, §§ 2, 3, 4, de l'*Enchir.* de Giraud : « Si membrum rupit, ni cum eo pacit, talio esto. »

(3) *Ibid.*, v° *Pœnas sarcito*.

(4) Gaius, IV, 37; L. 7, § 14; D. II, 14 : « Nam et de furto pacisci lex permittit; » L. 7 pr., D. XIII, 1 : « Si pro fure damnum decisum sit. »

(5) Sénatus-consulte Silanien (an 763); Paul, *Sent.*, III, V, 2.

tions nées *ex contractu* (1). Le droit admit très tard que l'on pouvait transiger et conclure des pactes ayant un effet extinctif sur des actions qui chez nous seraient regardées comme intéressant l'ordre public et nécessitant une poursuite d'office. Lorsque, par l'analyse, leurs jurisconsultes distinguèrent entre les deux sortes d'actions, ce fut pour en tirer des conséquences purement civiles et rien ne fut changé en ce qui concerne l'initiative de la poursuite (2). La poursuite privée, dans une certaine mesure, persistait donc encore.

Nous retrouvons le même état social et les mêmes mœurs judiciaires dans les vieilles histoires des peuples celtiques, germains, scandinaves ou slaves. Nulle distinction entre les litiges civils et les délits; tous donnent à l'action individuelle sujet d'entrer en exercice. La bataille constituait souvent le premier, et toujours le dernier ressort.

On se souvient de ce que Tite-Live nous a dit des Celtibères. Chez les Gaulois, la vengeance privée suivait son cours toutes les fois que l'arbitrage des druides n'était pas accepté des parties (3). Les guerres privées ne furent interdites que par l'autorité romaine. Les Galates, dont l'émigration était peut-être (4) antérieure à l'introduction du druidisme en Gaule, avaient imaginé un tribunal arbitral de trois cents membres qui se réunissaient dans un lieu sacré appelé Drunéméton afin d'y juger les procès pour meurtre. Cette sorte de cour suprême pourrait être comparée à l'Aréopage primitif (5).

Les anciens constatent unanimement l'usage enraciné de la vengeance dans les tribus germaines. La suppression du droit de guerre privée fut même un des prétextes de la fameuse révolte dirigée par Hermann (6). Les moindres discussions y

---

(1) Les mots *vindicare, vindicatio* désignèrent, à l'origine, toute réaction contre une violation d'un droit ou un obstacle quelconque à l'exercice de ce droit, sans distinguer les actions réelles, personnelles, civiles ou délictuelles. Cic., *De imp. rhetor.*, II, 53; Gaius, IV, 13 : *Sacramenti actio generalis erat.*

(2) Il n'y eut à proprement parler de droit criminel, à Rome, qu'à partir de la création des *quæstiones perpetuæ.*

(3) Strabon, IV, 4.

(4) Je dis peut-être, car on a rapproché les mots *druide* et *drunéméton.*

(5) Strabon, XII, 5. 1.

(6) Vel. Paterc., II, 118; Pomp. Méla, III, Florus, IV, 12.

donnaient lieu (1). La soif du sang n'était apaisée que par de fortes rançons. La vengeance n'avait de limite que la force. La loi des Saxons juge utile de borner à sept le nombre des victimes que le noble peut s'immoler en réparation de l'injure à lui faite par un lite (2).

Il suffit d'ouvrir les recueils des lois barbares (3) ou les chroniques du temps des deux premières dynasties franques, ou bien encore les formules qui nous ont été conservées, pour recueillir cette impression que les mœurs ne s'étaient pas sensiblement adoucies et que, pour mettre un frein aux coutumes barbares, il fallait autre chose que ces lois qui offraient timidement leurs tarifs de compositions. Encore au xv\ siècle, le Westerwolder Landrecht constate la persistance en Frise de ces vieilles coutumes (4).

Les Sagas nous révèlent l'existence d'une société absolument semblable dans les pays Scandinaves. Au xi\ siècle, la guerre privée n'était interdite en Islande que pendant la session de l'Alping. La Saga de Nial nous montre la composition constituant la base du droit pénal (5). L'exil peut être réclamé, mais dans des cas particulièrement graves (6). Tout homme qui avait été outragé par un autre devait, sous peine d'infamie, le provoquer en combat singulier. On résolvait de même les contestations civiles; mais, en Islande, le combat avait revêtu une forme procédurale; il y avait vraiment duel judiciaire en champ clos (7). Ce mode de procédure ne fut supprimé, toujours d'après les Sagas, qu'au xi\ siècle, à propos d'un duel entre deux guerriers illustres, Rafn et Gunnlaug. Ils se disputaient une femme, la belle Helga. Etrange destinée des institutions et des usages! Ces vieilles tribus islandaises supprimaient le duel parce qu'il

---

(1) Tac., *Germ.*, 12. 21.

(2) L. Sax., II, 5.

(3) L. Visig., IV, 4; III, 4.

(4) Voy. Kœnigswarter, *Ét. hist. sur le dé,elop. de la soc. munic.*, p. 74. Paris, 1850; et H. Brunner, *loc. cit.*

(5) Dans l'Edda, nous voyons les dieux soumis à la composition. Odin, Hæner et Loki la paient au nain Hreidmar pour racheter le meurtre de son fils Otur. *Edda Sæm. Fafnisbana*, II.

(6) Quand un homme en a tué deux autres de la même famille, par exemple.

(7) Saga de Nial, ch. VIII; Saga d'Egil, ch. LXVI.

avait servi dans la circonstance qui, seule, aujourd'hui, semble pouvoir le justifier à nos yeux !

D'après la loi de Westrogothie, *Codex antiquior*, le plus proche parent de la victime peut tuer le meurtrier aux pieds de celle-ci pendant un court espace de temps. Cette loi ne fait que bannir le coupable et constater le droit de vengeance jusqu'à la paix (1). En Suède, en Danemark, en Norwège, le prix du meurtre était dû par toute la famille du meurtrier à toute la famille de la victime. Le code de Magnus la restreint au plus proche parent (2).

La constitution interne des tribus slaves (3) nous permet d'affirmer l'existence, à l'origine, de la même anarchie et de la même liberté, anarchie et liberté qui sont loin d'avoir complètement disparu. Le droit de vengeance chez les Slaves est constaté et sanctionné dans deux traités avec les Grecs, en 911 et en 945, et dans la Prawda de Jaroslaw qui date de 1020. Au XIIIᵉ siècle, le roi de Bohème, Venceslas, accordait le droit du talion quand le coupable était insolvable (4).

De nos jours, n'avons-nous pas vu des coutumes analogues pratiquées par des peuples du Monténégro, de la Serbie, etc., et la vendetta fleurir en Corse et en Écosse (5)? Quant aux Arabes, ils sont encore ce qu'ils étaient aux temps d'Abraham et d'Abimélek.

Un livre récent de M. Maxime Kovalevsky (6) nous a fourni de très précieux renseignements sur les coutumes des tribus caucasiennes et particulièrement sur les Ossètes qu'il nous représente régis par des usages qui ne diffèrent en rien de ceux des Parthes et des Arméniens du IIᵉ siècle, tels qu'Eusèbe (7) nous les a décrits. Les Ossètes ne se soumettent à la loi des compositions que de plein gré, le droit de justice privée

---

(1) Trad. Beauchet, II, 1, § 3; *Nouv. Rev. hist. de dr.*, 1887.

(2) Voy. les articles de M. R. Dareste dans le *Journ. des Sav.*, 1881. — Conf. Tac., *Germ.*, 21.

(3) V. Rambaud, *Hist. de la Russie*, nᵒˢ 80, 81.

(4) Kœnigswarter, *Dével. de la société prim.*, p. 79.

(5) Voy. deux articles d'Albert Dumont sur le Monténégro, dans la *Rev. des Deux-Mondes* de 1871, t. 94; et *En Corse*, par Paul Bourde, Paris, 1887.

(6) *Coutume contemporaine et loi primitive*, analyse dans le *Journ. des Savants*, mars-mai 1887, par M. R. Dareste.

(7) *Préparation évangélique*, VI.

leur restant toujours ouvert. Les juges (1) n'ont, chez eux, qu'un pouvoir arbitral qui leur est librement concédé par les parties.

Tous les peuples, on le voit, ont eu, au même moment de leur évolution sociale, des coutumes et des usages identiques. En présence des difficultés de la vie, les mêmes procédés se sont offerts à tous, pour les résoudre : il y eut vraiment une floraison spontanée et instinctive du droit. Nées sans le secours de la réflexion, ces coutumes primitives s'imposèrent sans qu'aucun obstacle se dressât contre elles. Elles marquèrent de leur forte empreinte l'humanité primitive et, quand la pensée agrandie voulut les soumettre à une critique réfléchie, elles étaient si bien enracinées dans le cœur des hommes qu'il fut impossible de les en arracher. Il y eut donc un état de nature. Jean-Jacques Rousseau n'avait qu'aux trois quarts tort; son erreur fut d'imaginer idyllique cet âge de la violence sans borne. Sans aucun frein qui le retînt, l'homme était lancé contre l'homme. Le droit et le devoir se mesuraient à la force et à la faiblesse réciproques des adversaires. Autant que nous puissions voir dans ces vieux âges, nous n'apercevons pas que la force ait été essentiellement injuste. Elle avait sur la légalité actuelle l'avantage de n'être jamais ridicule, puisqu'elle avait toujours raison.

(1) Le tribunal arbitral se compose de sept personnes ; M. Kovalevsky, qui a été très frappé de ce nombre sept, l'a rapproché de celui des rachimbourgs de l'époque mérovingienne (communiqué par M. P. Viollet).

SECONDE PARTIE.

L'INITIATIVE INDIVIDUELLE ET LA DIRECTION RELIGIEUSE.

I.

Première conception morale de la justice. — Origine révélée du droit. — Les poètes. — Les Thémistes.

Jusqu'à ce moment la justice se montrait purement utilitaire. On ne connaissait d'elle que ce que les nécessités de la vie en avaient imposé; c'était la période instinctive de sa notion. Mais quand les hommes eurent passé par l'expérience des faits, ils eurent comme une vision supérieure. La justice leur apparut sous une forme abstraite. Ils se prirent à l'aimer pour elle-même. Les poètes en cela, comme en toute autre chose, furent les premiers initiateurs.

Ici, l'idée de justice exprimait essentiellement le bien, imposait aux hommes d'être bons, charitables; idée grandiose, égalitaire, légèrement teintée de socialisme et dont la réalisation dans le monde se confondait avec celle de la volonté divine. Telle aux débuts du prophétisme en Israël, telle elle se maintiendra dans tout le cours de son histoire, lui donnant le caractère d'une sorte de protestantisme puritain. Le prophète voit bien la civilisation qui progresse, le luxe, les arts, le bien-être, mais tout cela l'offusque. Il a soif de justice, c'est-à-dire d'égalité. La civilisation lui déplaît parce qu'elle ne rend que plus sensible l'écart des situations et des fortunes. Elle fait des plus riches et des plus heureux, elle fait aussi des plus pauvres et des plus malheureux.

Ailleurs, la justice s'identifie surtout avec le vrai ou le beau. En elle prédomine l'idée d'ordre, de Cosmos. Les Grecs n'ont jamais séparé le bien du beau, τὸ καλόκἀγαθόν. Pour les Védas, la morale et la justice ont leur point de départ dans la distinction du vrai et du faux (1). Chez les peuples de race aryenne, l'imagination plus riche, plus féconde, l'emporte sur la faculté de résorption plus intense chez les Sémites. Les Aryas perdent pied pendant l'extase; leurs mystiques tournent bien vite à l'immoralité et à l'athéisme. Chez les Hébreux, au contraire, la plus haute moralité fut toujours représentée par le prophète; mais ce que celui-ci monte d'un coup d'aile chercher jusqu'au ciel, le Grec le trouve par l'analyse.

Pourtant les traditions orphiques attestent que l'intuition des choses divines ne fit pas défaut aux âges néo-pélasgiques. Orphée, Musée, Amphion furent tour à tour les prophètes de la Grèce. Pour eux aussi la justice était la réalisation terrestre de la volonté divine. « Dieu, suivant une antique tradition, est le commencement, le milieu, la fin de tous les êtres. Il marche en ligne droite conformément à sa nature, en même temps qu'il embrasse le monde. La justice le suit, toujours prête à punir les infractions à la loi divine. Quiconque veut être heureux doit s'attacher à la justice, marchant humblement sur ses pas (2). » Une semblable doctrine, se rattachant sans doute à une pensée monothéiste (3), n'était pas destinée à devenir populaire. Les rapsodies homériques ne renferment rien qui puisse lui être comparé. Mais sous la forme de conseils, de morale pratique, elle passa dans la tradition du sacerdoce de Delphes et dans les poèmes d'Hésiode. Elle ne disparut jamais tout à fait. Les poètes s'en constituèrent les gardiens. La religion de Dionysos s'en empara.

L'influence des aèdes se devine. Elle servit probablement beaucoup à propager cette croyance que le juge inspiré recevait par une sorte de révélation la sentence qu'il devait prononcer. Aussi voyez comme il prend ses précautions pour attirer la présence du dieu. Il siège dans un cercle sacré, sur une pierre qui l'isole de tout contact profane. Il tient le sceptre,

---

(1) Ab. Bergaigne, *La rel. véd.*, III, p. 179.
(2) Platon, *Lois IV*.
(3) Hérod., II, § 2; Eschyle, cité par Clém. d'Alex., V, p. 295, édit. Dindorf.

symbole religieux. Les parties sont devant lui qui exposent leurs raisons et font valoir leurs arguments. Lorsqu'elles ont terminé, il se lève et prononce la sentence que la divinité lui souffle, pour ainsi dire, à l'oreille. Par lui-même, il n'a aucune autorité judiciaire; il n'impose point sa décision dont les parties peuvent ne tenir aucun compte. Elle n'est pas plus contraignante qu'une règle de morale ordinaire. Le juge a dit le droit, c'est-à-dire ce qui est conforme à la justice, à la volonté divine. Désormais, les plaideurs sont instruits; sa mission est terminée. Au dieu appartient de venger la sentence méconnue, lui seul est intéressé à la question. Le juge diffère très peu de ce que serait de nos jours un professeur de casuistique.

A ces époques lointaines, on n'imaginait pas ce que pouvait être le droit positif. Droit, morale, religion, tout était confondu. Il existait bien une sorte de coutume fondée sur les usages spontanés et sur les Thémistes dont on conservait la mémoire; mais on la rattachait tout entière à ces révélations partielles, faites par les dieux aux juges à propos d'espèces particulières. La coutume est d'origine divine. Le peuple a la mémoire courte; pour lui, toute origine perdue doit être recherchée au ciel. Voilà pourquoi toutes les législations de l'antiquité qui ne sont très souvent que des rédactions de coutumes, passaient pour venir des dieux. Leurs auteurs les mettaient dans la bouche de la divinité ou les présentaient sous forme de colloques entre eux et cette divinité. A une époque reculée, les dieux semblent avoir joué, dans l'administration de la justice, un rôle analogue à celui que les empereurs romains exercèrent au moyen de leurs rescrits.

En Égypte, le dieu Thot, adoré à Hermopolis, était regardé comme le révélateur de la loi contenue dans le Livre des Prophètes. Lorsque, dans l'Inde, les Brahmanes écrivaient des codes, c'était Brahma qui les dictait. « Après avoir composé « ce livre dès le principe, raconte Manou, il me le fit apprendre par cœur et moi j'instruisis Maritchi et les autres « sages (1). » Le Vendidad est composé des réponses aux questions adressées à Ahura, qui a enseigné la loi à Zoroastre;

____

(1) Lois de Manou, I, sl. 58.

et la voix d'Ahura, c'est la forêt et c'est la montagne (1). Moïse écrit toujours sur l'ordre d'Iahvé et les plus évidentes additions sacerdotales sont encore attribuées à Iahvé parlant à Moïse (2).

Pas plus que l'Orient, l'Occident ne devait échapper à cette loi fatale. Si nous en croyons Hésiode, c'est Dieu qui donna aux hommes la Dikè. Les lois de Dracon et celles de Solon ont un caractère tout religieux. On n'entreprend rien, sur toute la surface du monde hellénique, sans consulter l'oracle apollinien de Delphes. Solon crut devoir se faire assister par le prophète Epiménide qu'il appela de l'île de Crète. Quant à Lycurgue, on a beaucoup discuté en Allemagne la question de savoir quel avait été le véritable caractère de sa législation. On a soutenu qu'elle n'était qu'une simple organisation militaire. Mais toute l'antiquité attribua au législateur spartiate un caractère sacerdotal (3).

N'était-ce pas encore le nain Tagès qui avait révélé la loi aux lucumons d'Etrurie? Et, à Rome même, la légende ne racontait-elle pas que le pieux Numa, voulant doter les Quirites de lois sages et justes, alla dans la forêt, sans doute pour y consulter le dieu Faune, et eut le bonheur de rencontrer à la place Egérie, la douce nymphe? Comme Salomon, il ne cherchait que la sagesse, et, comme à ce fils de David, le reste lui fut donné par surcroît. Nous ne savons pas au juste ce que pouvait être le droit Papirien (4); mais il est probable que cette compilation ne différait pas beaucoup de celles dont nous venons de parler.

La législation secrète des druides était aussi une révélation (5). Il en était de même en Irlande. Aux pays scandinaves, Odin avait apporté les lois divines du pays des Æes et de la cité religieuse d'Asgard où il régnait et jugeait comme un

(1) J. Darmsteter, *Ormazd et Ahriman*, p. 260.

(2) Deutér., XXXI, 9.

(3) Curtius voit en Lycurgue un prêtre étranger à la race dorienne. M. Gelzer prend le mot « Lycurgue » pour le nom officiel d'un sacerdoce apollinien à Sparte. V. *Hist. grecq. de Curtius*, trad. Bouché-Leclercq, I, p. 219, note 3.

(4) L. 2, § 2, *De origine juris*.

(5) Peut-être en était-il de même chez les Turdetans d'Ibérie : Τῆς παλαιᾶς μνήμης, ἔχουσι συγγράμματα καὶ ποιήματα καὶ νόμους ἐμμέτρους ἑξακισχιλίων ἐτῶν, ὥς φασι. Strabon, § 6, III, 1. Conf. Tac., *Germ.*, 2.

dieu (1); et, dans l'Edda, la Valkyrie, délivrée par Sigurd, lui chante les maximes de la sagesse et les principes de la science des Runes (2).

Les compilations juridiques que l'antiquité nous a léguées, n'étaient pas des codes au sens où nous l'entendons. Elles ne s'imposaient pas comme une œuvre de législation moderne. Ni les lois de Vichnou, ni les institutes de Gautama, ni le code de Manou, ni l'Avesta, ni le Lévitique n'eurent jamais force légale. On doit les considérer, à l'exemple de nos anciens coutumiers, comme des livres de spéculation. Les coutumes subsistaient à côté d'eux; on aurait pu les supprimer sans que les populations qu'ils étaient censés régir, s'en aperçussent.

Le caractère et la forme de ces recueils auraient empêché de les transformer en lois, si on avait eu la pensée et le désir de le faire. Ils résultaient d'une révélation et contenaient, à ce titre, la science universelle. Quand le dieu faisait tant que de révéler quelque chose aux hommes, il disait tout ce qu'il savait, et à peu près dans l'ordre où les idées se présentaient à son esprit. Ainsi composé, le livre, pris dans son ensemble, n'était jamais une œuvre d'art. Mais les hommes de ces temps-là n'en étaient point choqués. Ils n'avaient pas encore acquis la faculté d'analyse; ils avaient encore moins celle de synthèse, qui suppose un choix préalable. En effet, ce n'est pas une synthèse que la présentation en masse d'une quantité d'idées confuses dont l'esprit ignore les différences et les points de contact. Il faut d'abord débrouiller ces idées, séparer violemment ces matériaux les uns des autres, puis reconstruire une série d'édifices, disposés d'après un certain ordre. L'homme antique s'inquiète bien de ces substilités modernes! Pour lui, la reli-

____

(1) *Ynglinga saga*, 1, 5.

(2) *Edda Sæmundar*, 1, 1 :

> « Charactères causales noris.
> « Si neminem tibi vis,
> « sæve offensam rependere,
> « eos implicas,
> « eos involvis,
> « eos disponis universos,
> « in eo conventu,
> « ubi hominibus eundum est
> « ad juste constituta judicia. »

gion ne diffère pas de la morale, ni celle-ci du droit, de l'astronomie ou de la médecine. A cela, rien d'étonnant; leur origine paraît commune, leurs interprètes sont les mêmes (1); d'abord, les grands aèdes, les prophètes, sublimes inspirés, nés pour étonner les hommes et, par là, les séduire; ensuite, à un degré inférieur, les prêtres, rabaissant le plus souvent les conceptions des premiers à des prescriptions rituelles, à des pratiques parfois mesquines, mais plus à la portée du vulgaire et plus conformes aux exigences quotidiennes de la vie.

Les prophètes, les aèdes furent vraiment les grands civilisateurs par excellence. Leur morale, un peu vague, était ce qu'il y avait de meilleur dans le monde antique. On y rapportait les sentences des arbitres pour voir si elles se trouvaient conformes et pour les déclarer inspirées. Le fait même de dire le droit fut considéré comme une inspiration et un acte de prophétisme. Le juge, comme je l'ai déjà dit, répétait la sentence que le dieu lui révélait intérieurement. « Là, dit sir Henri Sumner Maine, « est le germe ou rudiment de la coutume, conception posté- « rieure à celle des Thémistes ou jugements (2). »

Le droit, à l'époque primitive, se forma tout seul, comme la morale et les mœurs. La raison n'eut pas à intervenir. L'instinct le devina; la nécessité l'imposa; la poésie en proclama l'existence abstraite.

Dans Homère, dans Hésiode, dans Eschyle, se constate, avec persistance, l'influence des aèdes. La Thémis, compagne des dieux, dicte toujours la justice aux hommes sages à qui les plaideurs vont la demander. C'était déjà donner une sanction à la coutume que d'intéresser les dieux à son accomplissement, en ne la distinguant pas de la religion et de la morale. Mais ce fut un péril pour lo droit, le jour où la religion vague et presque rationaliste des aèdes et des pro-

______

(1) Par exemple Manou, *Sloc.* 114-119, livre I, pour voir à quel point la confusion existe. Ces vieux codes renferment parfois des choses charmantes, des conseils d'une délicatesse qui étonne. Ainsi Manou, II, 33 : « Que le nom d'une femme soit facile à prononcer, doux, clair, agréable, propice, qu'il se termine par des voyelles longues et ressemble à des paroles de bénédiction. »

(2) *L'Ancien droit*, p. 5, trad. Courcelle-Seneuil; sir H. Sumner Maine insiste avec raison sur le pluriel θέμιστες, employé fréquemment par Homère, par exemple, *Il.*, IX, 97. 98 et 156.

phètes se transforma en un culte à petites prescriptions, souvent immorales, qui, chez la plupart des peuples, fut asservi à la puissance publique, dès que celle-ci commença à se dessiner. De là vint que, dans toute l'antiquité, la religion et l'État se confondirent et s'unirent pour peser sur l'homme d'un commun effort, au lieu que, de nos jours, leur antagonisme peut être considéré à bon droit comme une des conditions vitales de la liberté.

Il ne reste plus qu'à nous demander à quelles personnes on s'adressait pour obtenir les Thémistes. Au début de la période que nous étudions, le rôle d'arbitre ne saurait faire l'objet d'aucun monopole. On choisissait de préférence un homme qu'on savait être l'ami des dieux, qui jouissait, tout au moins, de la réputation de voyant ou d'inspiré. Ainsi, les Beni-Israël demandaient la solution de leurs litiges à Éli, prêtre de Schilo, qui, pendant quarante ans, rendit des sentences, puis à Samuel, qui jugeait dans sa maison de Rama. Avant eux, Débora, sous un palmier, aux pieds de la montagne d'Éphraïm, entre Rama et Béthel, attendait les plaideurs et prononçait sur les différends que, de toutes parts, on venait lui soumettre.

Il est probable que, de bonne heure, certaines personnes se firent une spécialité et un métier de rendre des sentences, comme ce Déjocès dont parle Hérodote. On acquérait ainsi de la considération; en outre, ce genre de service qu'on rendait aux plaideurs ne laissait pas que d'être lucratif (1). Mais il n'y avait ici rien qui s'imposât. Les parties choisissaient qui bon leur semblait, tantôt un vieillard réputé pour sa sagesse, un chef puissant du canton, tantôt un barde, un rapsode, ou plus simplement un passant ou un voisin. Très souvent, le hasard et les circonstances décidaient du choix. Pour donner plus de force à sa sentence, l'arbitre exigeait d'ordinaire que les parties se liassent par le pari ou par le serment. Mais il est facile de comprendre que, plus il était puissant, plus il avait d'au-

(1) Voy. I Samuel IX.; *Iliade*, IX, 156 : Λιπαρὰς τελέουσι θέμιστας; XVIII. — M. Fustel de Coulanges pense que le *fredum* germanique dut être à l'origine le prix du dérangement des arbitres, *L'Org. jud., Rev. des Deux-Mondes*, t. XCII, p. 279.

torité morale, plus la sentence avait de chances d'être exécutée. L'homme riche, influent, aurait vu d'un mauvais œil qu'on méprisât la solution par lui fournie ; l'opinion publique aurait été choquée qu'un des plaideurs ne tînt aucun compte de la sentence d'un arbitre réputé pour sa sagesse et son amour de la justice. A défaut d'autre, il y avait donc une sanction de l'opinion, mais il n'y avait que celle-là. Les hommes (il y en a toujours eu) qui se plaisaient à braver cette opinion, ne se trouvaient en face d'aucun pouvoir objectif qui les contraignît à s'incliner.

La crainte des dieux fut la seule et nouvelle planche de salut de cette société (1). Elle seule donnait de la valeur au serment, et se dressait comme un épouvantail devant la conscience coupable et timorée (2). Mais pour cela, il était nécessaire de regarder les dieux comme les amis de la justice. A l'époque qui nous occupe, cette idée germait dans les esprits. On n'était déjà plus aux temps où les Élohim punissaient l'Égypte et la maison d'Abimélek du crime inconscient de leurs chefs, où Iahvé foudroyait ceux qui, par un geste instinctif, avaient empêché de tomber l'arche de son alliance avec Israël, où OEdipe expiait si durement une invincible ignorance. A l'aveugle vengeance des Euménides succédait la justice éclairée d'Apollon.

II.

Les premiers groupes sociaux organisés, antérieurs à la cité. — Avaient-ils, dans leur sein, un pouvoir judiciaire effectif? — Les rois. Les assemblées populaires.

I. — La famille patriarcale, autonome, souveraine sur les individus qui la composaient ou qui vivaient dans son cercle, possédait un gouvernement interne à peu près complet. Elle avait un pouvoir judiciaire. Pour la femme, pour le fils, pour l'esclave, pour le client, la justice était dans la *gens*. Le père

(1) L. de Manou, VII, 14 et suiv.
(2) *Ibid.*, VIII, 83. 86 ; cependant VIII, 104.

jugeait soit seul, soit assisté d'un certain nombre de *gentiles* (1). Son caractère sacerdotal imposait à tous l'obéissance.
Il suivait les usages des aïeux; c'étaient eux qui parlaient par
sa bouche. Ce droit du chef de famille persista même après
que la cité politique eut atteint son complet développement (2).

Au sein de la *gens*, la paix était rarement troublée. Les
liens du sang et du culte étaient trop étroits pour que les chefs
de famille ne réglassent pas leurs litiges à l'amiable en face
de leurs dieux gentilices. Pourtant la guerre était encore possible entre eux; je n'en citerai qu'un illustre exemple, celui
des fils d'OEdipe. Bien des *gentes* furent ainsi démembrées.

Mais, au-dessus des *gentes*, il existait des groupes plus
vastes que les anciens auteurs appellent phratries, curies, et
auxquels se rattachent peut-être, par analogie, les viç de
l'Inde, les zantu du pays d'Iran, et les *pagi* des Germains.
Enfin, comprenant plusieurs de ces groupes se plaçait la φυλή
ou tribu, correspondant sans doute à la janâ indienne et au
daqyu iranien (3). La tribu israélite n'en était pas très différente.

Pour se rendre compte de l'organisation judiciaire au sein
de ces petites agrégations, ou pour savoir même si cette organisation existait, il est indispensable de connaître la nature
des liens qui rattachaient entre eux les membres des phratries,
des curies, des *pagi*, des φῦλαὶ ou des tribus.

Que devons-nous entendre par ces mots φυλή, tribu, curie,
phratrie, etc.? Représentent-ils tous des institutions de même
ordre, différant seulement en étendue?

On aurait tort, selon moi, d'imaginer les groupes sociaux
qu'ils servaient à dénommer d'après un type unique et inva-
riable, par exemple, de voir dans la phratrie une association
de *gentes* et dans la φυλή une association de phratries, le noyau
social croissant ainsi par juxtaposition (4). A la vérité, il y

---

(1) César, *De bel. gal.*, VI, 19. Cependant le mari qui jugeait sa femme
dut, à un certain moment de l'évolution du pouvoir judiciaire dans la famille,
être assisté des cognats de la femme (Denys d'Hal., II; Tite-Live, XXXIX).

(2) Salluste, *Catil.*, 59; Tite-Live, II, 41; VIII, 7.

(3) V. Leist, *Græco-italische Rechtsgeschichte*, p. 105.

(4) V. Fustel de Coulanges, *La cité antique*, p. 134 et suiv., 5⁰ édit.; Leist,
loc. cit., p. 103, soutient aussi cette opinion, sauf pour l'État : Das Genos

eut place pour bien des différences de détail. Tantôt la phratrie se présentera, en effet, comme un ensemble de *gentes* qui se sont un jour réunies autour d'un autel commun, tantôt elle sera le lien subsistant entre les branches d'une même *gens*, trop nombreuses et trop puissantes pour continuer à vivre ensemble. Le mot « phratrie » semble se rapporter plus spécialement à ce dernier mode de formation. Les mêmes réflexions peuvent être faites à propos de la tribu. Rien de plus flottant, de plus vague que ces mots désignant plutôt une multitude, un groupe d'hommes qu'une institution bien caractérisée. Mais tous, dans la pensée des anciens, impliquaient un lien de commune origine (1).

En général, la tribu sera antérieure à la phratrie, à la curie, au *pagus*. Elle repose, en effet, directement sur la communauté de race. Elle n'exprime pas autre chose que cette communauté. Il faut y voir l'ensemble des hommes de même race voyageant et colonisant ensemble. Dans cette première période, il n'y a d'organisation sérieuse que dans la famille et dans la *gens*.

Supposons que les hommes d'une tribu viennent à s'établir d'une façon stable, les *gentes* choisiront chacune un emplacement pour y construire un château ou une ferme (2). Leurs clients se grouperont en villages. Bientôt des rapports plus étroits et de nature particulière s'établiront entre les villages et les châteaux les plus voisins, qui auront à se concerter sur des questions de voirie, d'exploitation agricole (3), et d'autres.

---

ist die arische, alles Andere an Wichtigkeit überwiegende, sociale Organisation im hohen Alterthum gewesen. Danach ist es begreiflich, dass es auch den Grundfactor in dem Aufbau des Gemeinwesens bildete, ich sage nicht, des Staates. — Conf. Oppert, *Le peuple et la langue des Mèdes*, p. 27.

(1) Comp. : Masqueray, *Formation des cités chez les populations sédentaires de l'Algérie.* Paris, 1886. Cet auteur pense qu'à une certaine époque, Rome ressemblait à une des cités actuelles de l'Ouâd-Mezâb et de l'Aourâs. On peut ajouter que la répartition en villages, tribus, fédérations des Kabyles a les plus grands rapports avec les *vici, pagi, civitates* des Germains et des Gaulois.

(2) Leist : *loc. cit.*, p. 109 : Das Leben des vedischen Volkes vollzieht sich in Dörfern. Il constate le même fait en Grèce et en Italie. — Le château est, en Grèce, πόλις; en Germanie, *burg;* en Irlande, *rath;* dans l'Inde, *pura*.

(3) Dans une récente communication, faite à l'Académie des Inscriptions

L'assainissement du sol, les nécessités de la défense commune amèneront la formation d'une sorte de syndicat dont le centre sera toujours une chapelle élevée en commun au dieu que l'association adopte pour patron. Cette confrérie, si l'on veut me permettre cette expression, se nommera un président, chargé de veiller aux intérêts qui sont sa raison d'être. Elle prendra le nom de phratrie en souvenir de l'origine commune des *gentes* qui en font partie, ou celui de curie pour marquer la proximité d'habitat de ses membres (1). Les curies romaines avaient en outre adopté des noms particuliers, tirés soit d'une configuration géographique, soit d'une *gens* influente du canton (2).

La curie et la phratrie, comme du reste le *pagus* germanique, ne sont que des fractions de la tribu fixée. Celle-ci devient alors l'ensemble des phratries et des curies de même race. La similitude des mœurs et des croyances, voilà des

et Belles-Lettres, M. de La Blanchère a expliqué que les marais pontins avaient été assainis, avant la fondation de Rome, par de vastes travaux de drainage. M. de la Blanchère pense que de tels travaux n'ont pu être pratiqués qu'à une époque où le régime des associations étroites régissait les petits peuples latins. C'est là un exemple entre mille des intérêts que ces petites communautés avaient à s'associer.

(1) *Curia = coviria** (Bréal), réunion, groupe, voisinage.

(2) Je ne sais sur quoi la tradition qui voulait que les tribus portassent le nom des trente Sabines enlevées par Romulus a pu être bâtie. Elle était contraire à l'évidence, puisque nous savons encore les noms de quelques-unes des curies; or, aucun n'est un nom de Sabine. Les voici : C. Veliensis, C. Foriensis, C. Rapta, C. Velitia, C. Titia, C. Faucia, C. Aculeja. Est-il besoin de rappeler que Tite-Live (I, 13), Denys d'Halicarnasse (II, 7), Pomponius (D. Fr. 2, § 2, I, 2), considèrent les curies comme le résultat d'une division artificielle de la population romaine, accomplie par Romulus? Ces divisions en tribus, en curies, qui résultent naturellement de l'état social des Italiotes étaient communes à tous les peuples de la vieille Italie. Festus (p. 183) les signale chez les Etrusques. Ce qui a pu faire croire que Romulus en était l'inventeur, c'est qu'il est probable que la division en curies ne devint importante au point de vue politique qu'après l'adjonction des Titiès aux Ramnès. Elle fut un moyen de maintenir l'équilibre entre les deux populations, au sein de la cité commune. Il y eut peut-être un remaniement de leur organisation dans le but de ramener à un nombre égal les curies des Titiès et celles des Ramnès. Il fut ensuite décidé que, dans les assemblées, on voterait par curies. De cette façon, les Ramnès ne pouvaient imposer leur volonté aux Titiès, ni ceux-ci à ceux-là. Conf. *La formation des cités Kabyles* : Masqueray, *loc. cit.*

signes auxquels se reconnaissent les *gentes* d'une même tribu. Quelquefois même les croyances pouvaient n'être l'objet d'aucun culte commun.

La tribu n'a, d'ordinaire, aucune organisation qui lui soit propre. Rome fut fondée par la réunion des curies des Ramnès et des Titiès dont les cultes furent centralisés dans un temple de l'Aventin. En signe d'union, elles adoptèrent le culte de Juno Quiris, Junon des Curies (1), et le grand curion vint en dignité immédiatement après le roi (2). N'est-il pas évident que, si la division en tribus n'entra pour rien dans l'organisation de la nouvelle cité, c'est que ces tribus ne signifiaient pas autre chose que la différence d'origine (3)? La double royauté qui exista un moment, avait pour cause l'émulation des deux peuples voulant avoir une part égale à l'exercice du pouvoir suprême. Ce désir fut satisfait par le soin qu'on prit, dans la suite, de nommer le roi tantôt parmi les Ramnès, tantôt parmi les Titiès.

On attribuait une origine analogue à la cité athénienne. Thésée transporta sur l'Acropole les cultes des douze πόλεις déjà existantes, qu'on doit très probablement assimiler aux phratries (4).

Pourtant, il y avait en Grèce des φυλοβασιλεῖς; mais ce n'étaient que des chefs de guerre, que les tribus mettaient à leur tête dans les circonstances graves où le territoire qu'elles occupaient était menacé. Les groupes de même race pouvaient encore se réunir autour d'un sanctuaire et se constituer en amphictyonie ou confédération. Tantôt ils y voyaient un moyen

(1) Festus : *Quirites autem dicti, post fœdus a Romulo et Tatio percussum, communionem et societatem populi factas indicant*, p. 254.

(2) Paul Diacre, p. 126.

(3) Denys parle, il est vrai, d'un φύλαρχος ou κωμάρχης à la tête de chaque tribu, mais cela ne pourrait s'appliquer qu'aux tribus territoriales, φυλαὶ τοπικαί, de Servius Tullius et non aux trois tribus primitives. Du reste, il ne faut se servir de Denys qu'avec beaucoup de circonspection. Il sait trop de choses et il a une trop grande tendance à transporter dans la Rome des rois, les divisions administratives d'Athènes au temps de Périclès. Conf. Pollux, VIII, 111 ; III, 52.

(4) Cic., *De leg.*, II, 2 ; Plutarque : *Thésée*, 13. 24 ; Thucyd., II, 15. Les cultes des πόλεις furent centralisés au prytanée ; Hérod., VIII, 44. C'est ce que l'on appela le *synœkisme*.

d'affirmer leur nationalité vis-à-vis des tribus limitrophes, tantôt celui de s'agréger des groupes sociaux d'origine différente (1).

En affirmant leur solidarité et leur volonté de ne pas laisser se rompre les liens résultant d'une origine commune, les agrégations d'hommes dont nous venons de parler pouvaient bien se constituer en souveraineté au point de vue international, mais en était-il de même au point de vue politique interne? Autrement, existait-il dans les phratries et les curies un véritable pouvoir politique et judiciaire? Ce pouvoir se retrouvait-il dans les tribus dont les membres étaient parvenus à se confédérer? Nous savons que les chefs de phratries et les curions avaient un caractère sacerdotal et qu'ils étaient chargés de veiller à certains intérêts matériels (2). Nous comprenons qu'ils se soient trouvés tout désignés pour être chefs de guerre à l'occasion. Mais là s'arrêtaient leurs fonctions. Prêtres, généraux, présidents d'assemblées, ils n'étaient pas des juges. Ils n'avaient même pas le droit de prononcer des amendes. Ce droit n'appartint à Rome, jusqu'à la loi Aternia (3), qu'aux seuls consuls. Si les curions l'avaient eu avant la fondation de la cité, ils l'auraient certainement conservé. Leur rôle est, au contraire, purement administratif comme celui des chefs de phratries grecques. Les décrets de phratries qui nous sont parvenus n'ont aucun rapport avec la politique proprement dite (4). Remarquez qu'il en est de même en Germanie et en Gaule au temps de César. Les *pagi*, en cas de guerre, se choisissent un chef, investi du droit de vie et de mort; mais, en temps de paix, il n'y a point de magistrats communs (5). Les Beni-Israël n'agissaient pas autrement à l'époque des Juges. Menacés par les Philistins ou les Chananéens, ils acclamaient un héros qui repoussait l'ennemi, et qui, la campagne terminée, rentrait dans l'ombre (6).

(1) Voy. Curtius, *Hist. grecque*, trad. Bouché-Leclercq, I, p. 131 ; Beloch, *La confédération latine sous l'hégémonie de Rome*, p. 177.

(2) Varron, *De ling. lat.*, p. 88 et 222; Denys d'Halic., II, 21. 64 ; Pollux, III 52 ; Dém. *in Macart*, 84, *in Eubul.*, 23.

(3) 454 av. J.-C.

(4) Bœckh, *Corp. insc. græc.*, I, 82. 85. 102. 104.

(5) Cés., *De bel. gal.*, VI, 23 ; I, 16 ; Strab., IV, 4, § 3.

6) Voy. les premiers chapitres du livre des *Juges*.

En se confédérant, les familles restaient autonomes. Elles n'auraient point consenti à entrer dans la curie ou dans la phratrie, si elles avaient perdu quoi que ce fût de leur souveraineté propre. Elles restaient fermées aux magistrats de la confédération. Ceux-ci n'avaient affaire qu'aux chefs de famille, maîtres chez eux et seuls responsables (1). Ils n'auraient pu s'interposer qu'au cas de litige entre membres de *gentes* différentes. Cependant, on est unanime à reconnaître que le droit de guerre privée subsista à l'institution des phratries et des curies qui, bien que ressemblant, à certains égards, aux gildes du moyen-âge, n'avaient pas pour but la paix, comme la plupart de ces dernières. Les magistrats n'intervenaient entre les parties que sur une demande de médiation ou d'arbitrage. L'autorité de ces magistrats était trop faible, trop limitée, pour qu'ils aient jamais songé à donner à leurs sentences un caractère comminatoire. Ils ne disposaient d'aucune force extérieure. Chaque partie, soutenue par sa *gens,* pouvait impunément braver leur décision. Du reste, ils ne songeaient pas à l'imposer; cela n'entrait point dans leurs attributions ordinaires.

Ces petites agrégations n'avaient donc aucune autorité effective, chargée de prononcer sur les différends; c'est un des éléments de l'ordre qui leur manqua. Il faut ajouter que cette lacune fut un bonheur; chez elles, une autorité de ce genre n'eût été qu'une cause de désordre et parfois de dissolution. La cité seule réussit à s'assimiler cet élément, parce qu'elle fut plus forte et composée d'une façon plus hétérogène, et encore n'y parvint-elle qu'après des luttes curieuses et longues !

Ce pouvoir, qui faisait défaut dans la phratrie, existait-il au moins dans la tribu? Pas davantage; j'ai déjà dit que la tribu n'avait point, en général, d'organisation particulière. Mais, alors, quels étaient donc ces rois, ces βασιλεῖς que les anciens nous représentent comme les justiciers et les pasteurs des peuples?

II. — A. — Les βασιλεῖς homériques ou hésiodiques n'étaient

---

(1) Pour donner un exemple du degré qu'atteignit, dans certaines contrées, cette conception de la responsabilité du chef de famille à l'égard des actes de tous les siens, citons la loi de Westrogothie (*Codex antiquior*), *loc. cit.*, II, iv, 872 : « Le meurtre commis par la femme est poursuivi contre son *munduald* qui doit payer la composition ou s'exiler. »

pas des rois au sens moderne du mot. Leur autorité était vague
et mal définie. L'influence qu'ils exerçaient, résultant de circonstances multiples, était surtout morale. La richesse, la valeur,
la beauté physique, le don de charmer par la parole et les
belles manières, rien de tout cela ne donnait nécessairement
cette influence, mais tout cela entrait en ligne de compte pour
l'obtenir. Le roi était un homme brillant, riche (1), avec de
belles armes et un très grand air. La royauté était attachée à
ce que nous appelons aujourd'hui le prestige. David et Nestor
furent deux types différents de ce séducteur des anciens âges.
Homère insiste autant sur la beauté de Ménélas que la Bible
sur celle de Saül. Les hommes aimaient à retrouver dans leurs
chefs la splendeur et l'éclat qu'ils prêtaient aux dieux. Chez les
Ases, on pensait que celui-là devait obtenir la royauté qui
l'emportait par la beauté et la majesté de sa personne (2); et,
si Odysseus étonnait par ses ruses, Odin surpassait tous les autres par ses voyages lointains et sa science de la guerre. On se
soumettait volontiers à ces guibborim, à ces nourrissons de
Zeus à qui tout semblait réussir. Alors, comme aujourd'hui, les
peuples allaient à ceux qui avaient une étoile.

Cette royauté ne sortait pas de l'élection ; l'hérédité même
semble n'avoir eu pendant un temps qu'une très faible importance. Elle était un fait. Elle appartenait au possesseur d'un
château-fort, dominant la plaine, comme une sentinelle, offrant
l'abri de ses murailles aux paysans et à leurs troupeaux (3) ;
au héros qui défendait l'entrée du territoire et qui poursuivait
dans la montagne les brigands et les bêtes fauves, gardien

(1) « La vieille idée irlandaise est que le plus noble, c'est le plus riche. »
D'Arbois de Jubainville, *Le Senchus Mór. Nouv. rev. hist. de dr.*, 1884, p. 41.
— Voy. aussi l'étymologie de *Rajah* et de *Rex*. — Conf. L. de Manou, VII, 6.
63. 64.

(2) Dans le Mahâbharata, « le rajah Nala... était le plus beau des hommes,
le plus habile des écuyers ; il marchait à la tête des rois comme Indra est
souverain des dieux... Versé dans les Védas, heureux au jeu, brave à la
guerre, dévoué à la justice... recherché des femmes... il protégeait son peuple comme aurait fait Manus lui-même. » Trad. Fauche. Conf. le portrait que
Valmiki fait du roi Daçaratha dans le *Ramayana* (trad. Fauche). *Ynglinga
saga* : « ... Les Ases donnèrent un des leurs nommé Hæner qu'ils regardaient
« comme destiné à devenir chef à cause de la beauté et de la majesté de sa
« personne... »

(3) L. de Manou, VII, 75. 76. 78.

vigilant sous la protection duquel on respire, on ose défricher
le sol et attendre la moisson ; à l'homme industrieux et habile
qui enseignait aux agriculteurs un autre mode de culture,
inventait un outil, une arme nouvelle, savait le jour favorable
à la semence et les signes qui présagent les changements at-
mosphériques ; à celui, en un mot, qui, d'une façon ou d'une
autre, procurait autour de lui une plus grande somme de sécurité et de bien-être, dissipait la crainte et rendait la vie sup-
portable. Sa richesse, son courage, sa science, il les devait
aux dieux, et l'on se rangeait autour de celui à qui l'artificieux
Kronios avait remis le sceptre (1).

Cette royauté venait de la reconnaissance des peuples. Le
βασιλεύς était l'homme nécessaire, sans lequel le peuple eût
péri ; de là ces titres de père, de pasteur, qu'on lui décernait.

Étant l'homme nécessaire, il était recherché ; les peuples
s'attiraient la protection des héros par des présents. Pour les
fixer au milieu d'eux, ils leur donnaient des terres comme les
Lyciens à Bellérophon (2). Pour l'exciter à prendre leur défense, les Étoliens offrirent à Méléagre un magnifique enclos de
cinquante arpents, moitié en vignobles, moitié en terres labou-
rables (3).

Par degrés, une sorte de contrat tacite se formait entre le
grand seigneur et le peuple de protégés ou de clients qui
cultivaient les terres d'alentour. Ils se devaient mutuellement
le service de guerre. Le roi exigeait quelques tributs en nature,
qui revêtaient le plus souvent la forme de dons gracieux.

Beaucoup d'hommes étaient honorés du nom de roi. On est
frappé à la lecture des poèmes homériques ou cycliques du
grand nombre de guerriers qui sont salués du titre de βασιλεύς.
Les fils le portent du vivant de leurs pères. Achille et Ajax
sont appelés rois, bien que Pelée règne encore en Phocide
et Télamon à Salamine. Le roi Laërte, retiré à la campagne
à cause de son grand âge, laisse son fils Odysseus gouverner
son palais. Le mot servait à honorer un personnage plutôt
qu'il ne désignait une fonction. « O roi Phoibos ! » s'écriait-

(1) Il., II, 204 ; IX, 97. 98. Conf. L. de Manou, VII, 4. 5. 6.
(2) Il., VI, 194. 195.
(3) Il., IX, XII, XVI, XX.

on en s'adressant à Apollon. » Les rois formaient la classe diri-
geante de l'époque. On en comptait plusieurs dans la même
ville, une trentaine à Ithaque (1), au moins douze à Athènes.
L'île fantastique des Phéaciens en renfermait un certain nombre (2), et Priam n'était pas le seul roi de la Troade (3).
Avant la fondation de Rome, le pays occupé aujourd'hui par
les marais pontins était habité par trente petits peuples qui
peut-être avaient des rois (4).

Le monde chananéen, aux jours de l'Exode, présentait le
même spectacle : « Chaque bicoque fortifiée, dit M. Renan,
« avait un mélek ou roi dont l'autorité s'étendait à deux ou
« trois lieues à l'entour. Certaines peuplades, comme celles des
« Gabaonites, formaient des confédérations de quelques lieues
« d'étendue (5). »

Les mêmes causes, qui avaient élevé les membres de certaines grandes familles au-dessus du reste du peuple, ten-
daient à placer au-dessus des βασιλεῖς un des leurs, plus riche,
plus habile ou plus puissant. Insensiblement se formait une
hiérarchie féodale. Le roi le plus éminent devenait le chef d'une
confédération, d'une cité. Quelquefois la persuasion, le plus
souvent la violence, réalisèrent cette révolution, d'où sortirent
les petites sociétés aristocratiques de l'ancien monde. C'est dans
leur sein que devait aller se fondre et disparaître la royauté
des temps héroïques, dont elles conservèrent longtemps les
mœurs et l'esprit.

Sur cette royauté dont la Grèce garda toujours le souvenir,
Aristote s'exprime ainsi : « Elle était librement consentie, mais
« limitée à certaines attributions; car le roi était général, et
« juge, et maître de tout ce qui avait rapport au culte des
« dieux (6). » Au milieu des batailles, le divin Sarpédon s'a-

(1) *Odys.*, I, v. 394. 395.
(2) *Ibid.*, VI, v. 54.
(3) *Il.*, XX, v. 84.
(4) Sur les anciens rois du Latium : Plin., *Hist. nat.;* Strab., V et VI, *passim;* Tite-Live, I, 17; Pausan., X, 13; Denys, I, 71, et l'histoire légendaire de Mézence : Virg., *Enéide*, VIII, v. 7 et 481.
(5) *Histoire du peuple d'Israël*, I, p. 232 ; Josué, XII, v. 7 seqq.
(6) *Polit.*, III, 10, § 1. — Montesquieu semble d'abord bien comprendre
cette royauté des temps héroïques : « Ceux qui avaient inventé les arts, fait

dresse en ces termes au fils d'Hippologue : « Glaucos, pour-
« quoi dans la Lycie nous honore-t-on par le siège, les mets et
« les coupes toujours remplies? Pourquoi tout ce peuple nou-
« regarde-t-il comme des dieux? Pourquoi, sur les bords du
« Xante, exploitons-nous un immense et riant domaine, riche
« de vignes productives et d'opulentes moissons? Il nous sied
« aujourd'hui, à nous qui sommes parmi les premiers des
« Lyciens, de nous montrer inébranlables, de nous jeter dans
« la mêlée furieuse, afin que nos braves disent entre eux : Ce
« n'est pas sans gloire que nos rois commandent aux Lyciens,
« mangent des brebis grasses et boivent de bon vin, puis-
« qu'ils ont une mâle vigueur et qu'ils combattent au premier
« rang (1). » — Plus tard, quand le roi sera tombé sous les
coups de Patrocle, ce sera au tour de Glaucos de s'écrier :
« Il est mort, le roi des Lyciens, Sarpédon vient de succom-
« ber, ce héros qui protégeait notre terre *par sa vaillance et
« par sa justice* (2). »

On comprend que cette royauté fût surtout guerrière. En
temps de paix le roi vivait dans son château-fort au milieu de
ses serviteurs, assis devant de copieux festins, buvant de bon
vin, ou occupé du soin de ses troupeaux. Voyez Odysseus, de
retour à Ithaque, il ne trouve en souffrance que sa propre
maison. Tout le monde s'est fort bien passé de lui, le peuple et
les prétendants, surtout les prétendants. Il est vrai que le premier soin du maître consiste à les massacrer jusqu'au dernier;
mais en cela il ne fait pas œuvre de roi. Il agit comme tout
homme agirait à sa place; il a recours à la vengeance privée.
Lui-même s'y trouve soumis à son tour, et la chose aurait pu

la guerre pour le peuple, assemblé les hommes dispersés et leur avaient
donné des terres, obtenaient le royaume pour eux et le transmettaient à leurs
enfants. Ils étaient rois, prêtres et juges. » Mais quand il vient à parler de
la distribution des pouvoirs sous cette royauté, et qu'il la trouve mauvaise,
il est difficile de ne pas sourire. Les trois pouvoirs aux temps homériques !
mais, au xviiie siècle, il fallait une bien grande bonne volonté pour les trouver
en Angleterre. Ils ne fournissaient certainement le sujet d'aucun chapitre
de l'enseignement que le centaure Chiron avait donné à Achille, ni de celui
par lequel Mentor ou plutôt Athéné cherchait à orner l'esprit du jeune Télé-
maque.

(1) *Il.,* XII.
(2) *Il.,* XVI.

tourner fort mal si soudain Athénè n'avait quitté son siège dans l'Olympe pour venir s'interposer comme arbitre.

Les Atrides, il est vrai, semblent jouir d'un pouvoir mieux défini à Mycènes et à Argos; c'est que les tribus achéennes sont en avance sur les autres tribus helléniques, et les Atrides sur les autres Achéens. Cependant ils se conduisent comme un clan vainqueur partageant ses conquêtes entre ses membres.

Voyez aussi Saül : à peine reconnu roi, il se hâte de retourner à son domaine de Guibeath. Lorsqu'on a besoin de lui, on est obligé de l'aller chercher et de l'arracher à sa charrue. Or, les tribus ne l'appellent que pour marcher à leur tête dans les batailles (1).

Dans ces temps reculés, la religion se mêlait à tout; le roi offrait le sacrifice au nom de la petite communauté guerrière. Avant la bataille, il invoquait ses dieux qui devenaient insensiblement ceux de toute la tribu. Le roi possédait ainsi un *imperium* borné, mi-profane, mi-sacré (2); mais sa mince royauté sur les *gentes*, les phratries et les tribus ne ressemblait que très peu à celle du père de famille, quoiqu'elle n'eût, comme on l'a fort bien remarqué, aucun rapport avec les grandes royautés chinoise, égyptienne ou assyrienne (3). Les rois de l'époque homérique n'étaient nullement despotes; ils étaient plutôt les conseillers, les protecteurs officieux des peuples que leurs maîtres. C'est ce que les poètes veulent dire en les appelant les pasteurs des peuples. Leur moyen d'action était l'exemple plus que l'autorité.

Ces rois étaient les grands justiciers des peuples. Au dire d'Hésiode (4), la justice était un de leurs attributs les plus

----

(1) I Samuel, XI.

(2) M. Fustel de Coulanges fait remarquer la persistance de ces caractères dans la royauté spartiate. *La cité antique*, p. 285 seqq., 7e édit.

(3) Leist, *Græco-ital. Rechtsgeschichte*, p. 291. Cet auteur trouve pourtant que la royauté du temps héroïque ressemble un peu à celle du père de famille. A côté du roi, dit-il, se tiennent, dans les cités grecques et italiennes, d'autres grands. — En quoi diffèrent-ils du βασιλεύς? Suivant moi, ils n'en diffèrent pas du tout au point de vue judiciaire. Ils jugent au même titre. Mais le roi s'en distingue en ce que : 1o il est généralissime en cas de guerre; 2o le culte de sa famille jouit d'une sorte de primauté sur ceux du voisinage.

(4) *Tr. et jours*, v. 122, 248 seqq.; c'est-à-dire qu'ils étaient recherchés pour arbitres en tant que βασιλεῖς, mais quand ils devinrent chefs d'une cité,

saillants. Ils étaient les maîtres de la justice. Favoris de Zeus, ils se devaient à la garde de sa fille, la Dikè. En Grèce, il n'y avait pas à cette époque de caste sacerdotale. Les rois étaient les prêtres. Or, les hommes mesuraient la puissance et la qualité du dieu à celle de la famille à laquelle il appartenait. Les dieux des grandes familles étaient les grands dieux, qui savaient mieux que les autres inspirer les Thémistes. On rechercha donc les rois pour arbitres; et les rois, y voyant un moyen d'augmenter leur influence, se prêtèrent facilement à cette juridiction gracieuse que les peuples leur reconnaissaient.

Pour accroître le nombre de leurs clients, ils s'appliquèrent à rendre de justes sentences. On commença par les considérer comme des arbitres naturels et tout trouvés; puis on en vint à leur faire de cette juridiction une obligation morale. L'homme puissant dut la justice au faible, comme il lui devait, à d'autres égards, aide et assistance. Mais, cette justice ne fut jamais en droit un monopole royal (1).

Le roi, pas plus que les chefs de phratries ou de curies, n'a le droit de faire exécuter ses sentences par la force. Ses ordres n'ont une valeur coercitive que lorsqu'il agit comme généralissime et sur le champ de bataille où il a droit de vie et de mort d'une façon absolue (2).

B. — La même juridiction restreinte doit être attribuée aux chefs de *vici* et de *pagi* chez les Gaulois et chez les Germains (3). Comment auraient-ils imposé leur volonté comme juges, ces rois et ces *principes* qui, d'après Tacite, se faisaient écouter même au point de vue politique plus par la persuasion que par l'au-

ils ne jugèrent encore qu'au même titre, et non comme dépositaires de la puissance publique. C'est ainsi qu'à Athènes, le roi, quand il s'asseyait pour juger, ôtait sa couronne, insigne de ses fonctions. Pollux, VII, 90.

De son côté, Homère dit dans l'*Iliade*, I, v. 38 : « Les rois, fils de la Grèce, tenant le sceptre dans leurs mains, gardiens des coutumes dictées par Zeus rendent la justice. » On ne signale point, en Grèce, de livre révélé comme Manou ou le Deutéronome, par exemple; donc, les coutumes, dictées par Zeus, sont l'ensemble de la jurisprudence résultant des θέμιστες. Voy. plus haut, p. 18 et p. 40. — L. de Manou, VIII, 175.

(1) *Odys.*, XIX, 111.
(2) *Il.*, II, v. 391.
(3) Cés., *De bel. gall.*, VI, 23 ; Tac., *Germ.*, 11.

torité du commandement. Au temps de César et de Tacite, ces peuples en étaient arrivés à l'âge héroïque.

En Gaule, les *principes*, les chefs de factions, grands seigneurs dans leur *vicus* ou leur *pagus*, pouvaient être comparés aux rois minuscules des tribus achéennes, quoique sur plus d'un point leur civilisation fût inférieure à celle de ces derniers. La demeure seigneuriale (1) n'avait pas le luxe, le confort, la solidité que les poésies homériques nous laissent deviner. A cet égard, les chefs de factions gaulois se rapprocheraient davantage de ces chefs des çof qui divisent toujours en plusieurs partis les tribus et les villages kabyles. Mais ils avaient un luxe personnel, qui s'étendait à leurs armes et à leurs chevaux, étranger à la Kabylie. Ils portaient des bracelets, des colliers et des cuirasses d'or, au moins les plus riches d'entre eux (2). L'*oppidum* appartenait non pas à une grande famille, mais à la communauté.

Dans chaque *vicus*, vivait un *princeps* entouré de ses clients et de ses dévoués (*ambacti* ou *soldurii*); il exerçait dans ces limites une suprématie analogue à celles des βασιλεῖς grecs. Il ne présidait pas au culte, mais à la guerre et à la justice. Cette organisation qui avait certainement eu pour but la protection des faibles, ne servait alors qu'à leur oppression. Ces *principes* pouvaient être choisis pour arbitres par les plaideurs; mais nous verrons qu'en général il n'en était pas ainsi. Leur juridiction ne s'étendait guère qu'à leurs clients et aux personnes qui leur étaient soumises en vertu d'un lien de parenté ou de fidélité, et, dès lors, rien ne s'opposait à ce qu'elle fût exclusive et souveraine.

A la tête des confédérations de *vici* et de *pagi*, des *civitates*, se trouvait une assemblée de *principes*, ou un chef unique supérieur à l'assemblée, et qui portait quelquefois le nom de

____

(1) Strabon, IV. Il n'en était peut-être pas ainsi en Bretagne, où le régime du clan semble s'être maintenu plus pur. Casivellaunus a un *oppidum* à lui, *oppidum Casivellauni;* Caractacus est suzerain de familles seigneuriales, *clientes regii.* Ces chefs, et d'autres, comme Venusius, Galgacus, Prasutagus, roi des Icémens qui institua Néron son héritier, étaient des hommes opulents. — Des femmes comme Boadicée et Cartismandua sont chefs de clan. Cés., V, 21; Diod. de Sic., V, 27; IV, 31. 35, Tac., *Agric.*, 16, 32 ; *Hist.*, III, 45.

(2) Diod. de Sic., V, 27. — Témoin certaines pièces de la collection du Musée de Saint-Germain-en-Laye.

vergobret. Il semble bien n'avoir jamais eu que des fonctions d'ordre politique ou militaire. Nulle part, on ne le voit rendre la justice, sauf en cas de guerre, où le généralissime était muni, comme en Grèce, d'un pouvoir dictatorial.

Mais César parle quelquefois des rois. Il nomme un roi des Séquanes, un roi des Sotiates, un roi des Carnutes, des rois des Éburons et d'autres encore. Quel est le caractère, quelle pouvait être l'autorité de ces rois? Le roi gaulois nous apparaît comme un chef de guerre investi d'un pouvoir fort limité sur les diverses parties de la confédération. Son caractère essentiel paraît être qu'il est nommé à vie, ou tout au moins que la durée de ses pouvoirs n'est pas déterminée. En outre, la royauté semble avoir eu dans certaines peuplades une existence intermittente, suivant les besoins du moment et la plus ou moins grande puissance des factions et des familles.

Certains *principes* veulent être rois, et l'on rappelle à cette occasion que plusieurs de leurs ancêtres, ou leurs pères ou leurs parents l'ont été; pour l'instant, personne n'exerce la fonction (1). Dans César, ces termes, *habere summam imperii, regnum obtinere, principatum habere,* sont synonymes. Chez les Éburons, Cativolcus et Ambiorix sont rois en même temps (2). En cas de péril grave, on choisit un homme que distinguent sa prudence et sa justice, on lui confie la direction et tout le soin de la guerre, voilà un roi. Seul, il procurera un commandement plus rapide, des alliances plus nombreuses. Tel est Galba (3) chez les Suessions, tel sera, au moment de la lutte suprême et cette fois pour toute la Gaule, le jeune arverne Vercingétorix. Parfois, César donne le pouvoir à un noble sur sa propre *civitas;* l'autorité de ce roi est alors peut-être plus compliquée, plus tournée vers le gouvernement intérieur de la cité. Aussi s'empresse-t-on de le chasser ou de le tuer (4). La situation paraît être la même en Bretagne et, probablement, en

(1) Cés., *De bel. gal.,* I, 3 ; V, 25. 94.

(2) *Ibid.,* V, 24.

(3) *Ibid.,* II, 4 : « Nunc esse regem Galbam : ad hunc propter justitiam prudentiamque summam totius belli omnium voluntate deferri. » Conf. Tac., XII, 33 : « Caractacus, quem multa ambigua, multa prospera extulerant, ut ceteros Britannorum imperator præmineret. »

(4) *Ibid.,* V, 25. 54; IV, 21; V, 21. — Conf., Tac., *Agric.,* 14.

Irlande, lors de l'expédition de César au delà de la Manche.
Cassivellaunus, Cingétorix, Carvilius, Taximagulus, Segonax,
étaient des rois héroïques, des chefs de clans plus puissants que
les autres, et autour desquels on se rangeait pour la bataille (1)
Les habitants du Cantium ne différaient en rien des Gaulois (2).

Les rois, les *vergobrets*, et autres n'exerçaient aucune autorité judiciaire; du moins, cela n'apparaît dans aucun texte. En
dehors de la juridiction disciplinaire qu'ils pouvaient pratiquer
en campagne, leur rôle se bornait à accuser, à dénoncer les
traîtres au sein du *concilium*; mais ce droit, ils le partageaient
avec tous les citoyens (3).

En Irlande, nous voyons bien qu'avant la réforme attribuée
à Conchobar par le livre de Leinster, ni les rois, ni le peuple
n'avaient une autorité judiciaire effective (4). Mais comme les
file et les brehons furent toujours, dans une certaine limite,
soumis aux rois, ceux-ci rendaient assez souvent des sentences
arbitrales qu'ils faisaient rédiger par leur jurisconsulte fami-
lier et, à partir de la réforme légendaire que je viens de rapporter, on les voit présider les procédures où les brehons assistent comme conseils soit du juge, soit des parties.

Il fut un temps où l'Irlande renfermait plus de deux cents
familles royales qui se superposaient les unes aux autres en
dignité, et au-dessous desquelles se trouvaient des vassaux
simplement nobles. Cette hiérarchie féodale aboutissait au roi
de Thura, dont l'autorité était des plus vagues, et surtout
honorifique. Il présidait les festins, les assemblées, commandait
à la guerre. Comme si leur supériorité n'eût existé qu'en campagne, les rois de l'Irlande ne portaient la couronne que dans
les combats.

C. — Le courage personnel, la richesse, l'illustration des
aïeux, le nombre et la bravoure des dévoués qui l'accompa-
gnent, le luxe de ses chevaux et de ses armes, la munificence
envers ses *comites*, l'abondance de sa table, voilà ce qui fait
le prince en Germanie. Le guerrier qui jouit de ces avantages

---

(1) Cés., *De bel. gal.*, V, 21. 22; Tac., *Agric.*, 12. 13.
(2) Cés., *Ibid.*, 14.
(3) Cés., *Ibid.*, 56.
(4) D'Arbois de Jubainville, *Introd. à l'ét. de la litt. celtique*, p. 313; le
document nous reporte pourtant à une époque beaucoup plus moderne.

verra sa protection recherchée, achetée à l'aide de présents somptueux soit par les particuliers, soit par les tribus. Favori des peuples, aimé des dieux, à lui appartiennent le premier rang dans le conseil et le commandement dans le combat (1). Que le succès et les événements favorisent ses courses ou ses brigandages, sa renommée va croître, il verra accourir à lui, non plus de jeunes et hardis aventuriers, mais des peuples; à leur tête, il franchira le Rhin et portera le pillage en Gaule, se mesurera avec César, surprendra Varus et massacrera les légions, il sera Arioviste ou Hermann (2)! Le prestige personnel maintient son autorité.

Le succès fait leur fortune politique, mais par eux-mêmes ces *principes* ne sont que les chefs de factions puissantes, ou des aventuriers heureux. La guerre contribue seule à leur élévation; car, en temps de paix, chacun regagne son *pagus*, et il n'y a plus de magistrats communs. Là, il n'existe d'autre gouvernement que le gouvernement familial des *principes*, vivant entourés de leur famille, de leurs clients et de leurs compagnons d'armes, travaillant à maintenir la paix dans ce petit monde et rendant la justice entre ses membres (3). Les hommes libres sollicitent, dans leurs querelles, l'arbitrage d'un homme puissant. Nous verrons plus loin comment, au temps de Tacite, des *principes*, choisis dans le *concilium*, étaient chargés de présider, dans les *vici* et les *pagi*, de véritables cours d'arbitrage.

Il faut la guerre pour décider ces Germains indociles à se nommer un général, investi du droit de vie et de mort. Même à l'époque de Tacite, on ne voit point de magistrat investi d'une autorité souveraine. Dans l'assemblée, les rois et les nobles se font écouter par l'ascendant de la persuasion plutôt que par l'autorité du commandement. Il est même difficile de dire qu'il y a des rois; Hermann n'est pas un roi (4), mais le chef de la faction rivale de celle qui a mis Segeste à sa tête.

(1) Tac., *Germ.*, 11. 13. 14. 15. — V. Dahn, *Die Könige der Germanen*, I, p. 49, 61, 69.

(2) Cés., 1, Dion Cassius, XXXVIII, 41; Tac., *Ann.*, I, 98; II, 44; Vell. Pat., 11; Florus, IV, 12.

(3) Cés., V, 23.

(4) Tac., *Ann.*, II, 44.

Tour à tour, les deux factions l'ont emporté dans l'assemblée et les conseils des Chérusques (1). Hermann, comme tous les *principes,* donne son avis, qui ne triomphe pas toujours (2).

Dans cette partie de la Germanie, voisine du Rhin, et où vivaient des peuples relativement peu nombreux, l'autorité royale était inconnue. Quelques ambitieux, plus au fait des mœurs romaines, ou même élevés à Rome, parvinrent en de certains moments à acquérir le pouvoir et voulurent gouverner à la façon des proconsuls; ils s'attirèrent la haine de leurs compatriotes et quelquefois les plus funestes aventures : ainsi Maroboduus élevé à Rome dans la faveur d'Auguste (3), et son successeur, Catualda, et, après eux, le roi Vannius imposé aux Suèves par Drusus (4). C'est pour avoir voulu régner qu'Hermann fut mis à mort par les siens (5). Son neveu Italicus, qui devint roi des Chérusques avec la protection de Rome, fut chassé (6).

On commettrait une profonde erreur en croyant à l'existence d'une royauté ou même d'un simulacre de royauté, dans les peuplades germaines, que les Romains combattirent et qu'ils ne soumirent pas toujours. Les généraux qui leur tinrent tête n'étaient que des chefs de bandes (7). Les chefs des Francs doivent être considérés comme tels. Mais, après leur établissement sur le sol de la Gaule, l'instinct d'imitation que possèdent tous les barbares leur fit bien vite adopter les mœurs, les procédés d'administration des gouverneurs romains (8). Quant à la royauté, en elle-même, elle continua à n'être qu'un fait (9). Clovis la

---

(1) Tac., *Ann.*, I, 58 : « Ceterum et injeci catenas Arminio, et a factione ejus injectas perpessus sum, dit Segeste. »

(2) *Ibid.*, 68. — *Ibid.*, XI, 18 : Gannascus n'est pas roi des Cauques; II, 25.

(3) Tac., *Ann.*, II, 44 seqq., 63; Strabon, VII, 1, § 3.

(4) Tac., *Ann.*, XII, 19. 20.

(5) *Ibid.*, II, 88.

(6) *Ibid.*, XI, 16. C'était sans doute à une famille de ce genre qu'appartenait Civilis que Tacite dit être de race royale. *Hist.*, IV, 55.

(7) C'est bien ce que pensait aussi Tacite, lorsqu'il disait : ... « Auctore Verito et Malorige qui nationem eam (Frisios) regebant, in quantum Germani regnantur. » *Ann.*, XIII, 54.

(8) Agathias disait d'eux : Ἀλλα καὶ πολιτείᾳ χρῶνται ως τὰ πολλὰ ῥωμαικῇ.

(9) Voy. Junghans, *Hist. crit. des règnes de Childérich et de Chlodovech,* trad. Monod, p. 122 seqq.

considérait comme peu de chose, en comparaison du proconsulat dont il était revêtu. A la mort de Clotaire, Chilpéric court au domaine de Braisne, s'empare des trésors qui s'y trouvent, distribue des présents aux plus braves des Francs qui, à ce prix, se soumettent à lui. Cela s'appelait alors succéder à son père (1).

Il n'existait aucune différence entre le König germanique et le Sœ-konung ou Her-konung scandinave ; l'un opérait sur terre, l'autre sur mer, mais leur autorité et leur prestige avaient mêmes causes.

Peut-être ne faudrait-il pas juger les peuples du Nord d'après les tribus comprises entre le Rhin et les rives de l'Elbe. Ces tribus sont plutôt l'avant-garde de la Germanie que la Germanie elle-même. Au delà de l'Elbe, à mesure qu'on remonte vers le Nord, ou qu'on s'enfonce vers l'Est, apparaissent des nationalités plus compactes, des confédérations plus étendues. De ces peuples seuls, Tacite dit qu'ils obéissaient à des rois, dont l'autorité est plus ferme et mieux définie (2). Une religion mystérieuse, commune à plusieurs *civitates*, avait ses sanctuaires dans ces forêts lointaines; un sacerdoce présidait à ses cérémonies mystiques, à ses rites sanglants, se rapportant presque toujours à la grande divinité terrienne Ertha ou Bertha. Il est probable que ce sacerdoce était intimement uni à la royauté. Chez les Scandinaves, la légende d'Odin nous offre l'image d'une théocratie. Les rois d'Upsal, successeurs du dieu, étaient généraux, pontifes et juges. A l'Est, la grande nation des Goths, avec ses deux familles, obéissait à un pouvoir théocratique. Les familles royales des Amales et des Balthes prétendaient descendre du dieu Gapt (3). Evidemment, à l'arrière plan de la Germanie, des nations mieux organisées, se cachaient derrière ces tribus errantes, sans chefs et presque sans culte qui s'avançaient vers le Rhin et le haut Danube, comme les éclaireurs de masses plus considérables. Elles-mêmes ne demandaient qu'à pouvoir se fixer pour s'organiser : en Bretagne, les Anglo-Saxons eurent bien vite une hiérarchie sociale. Le Kö-

(1) Grég. de Tours, *Hist.*, IV, 22.
(2) Tac., *Germ.*, 42. 43. 44.
(3) Jordanès, *De reb. get.*, ch. 11 et 14.

ning ou Cyning s'établit à demeure et, autour de lui, il eut
des Unter-cyning et Half-cyning. Tous habitaient une sorte de
château-fort à dépendances plus ou moins vastes, comme les
Könige de l'Edda et des Niebelungen, qui vivaient retranchés
dans un burg d'où leur influence rayonnait sur les cantons du
voisinage. Vraiment alors, on peut les comparer aux βασιλεῖς de
la Grèce héroïque et aux rajahs de l'Inde antique (1).

Mais, ni les uns ni les autres n'exercèrent jamais les fonctions judiciaires en vertu d'un droit de souveraineté qu'on ne
connaissait pas encore. Pasteurs et protecteurs des peuples,
ces rois étaient appelés à apaiser les querelles, à protéger le
faible contre le fort, à prêter aux plaideurs le secours de leur
impartialité et de leur sagesse, quand ils en avaient. Cette
justice était gracieuse, intermittente : c'était un devoir moral (2) plutôt qu'une obligation inhérente à la dignité royale.
Quand les peuples sentirent le besoin d'une justice plus régulière, ils la demandèrent aux prêtres, et, comme partout la
royauté paraît antérieure aux castes et aux collèges de prêtres,
il est visible qu'elle ne posséda jamais un pouvoir judiciaire
solidement établi, car elle ne l'aurait point abdiqué. Si elle ne
l'a pas conservé, c'est qu'elle ne le possédait pas.

D. — Les premiers rois de Rome, à qui l'*imperium* était cons-
titutionnellement conféré par une loi curiate et qui jouissaient
par là d'une autorité bien plus grande, n'exercèrent eux-
mêmes, à l'origine, qu'une justice arbitrale, comme les rois
de la Grèce jadis, comme plus tard les Könige germains (3).

En général, on admet que les anciens rois de Rome avaient
la plénitude de la juridiction criminelle et civile. On se fonde,
pour soutenir cette opinion, sur quelques textes dont il serait
facile de tirer une doctrine diamétralement opposée. Passons
ces textes en revue (4).

(1) Auxquels on peut ajouter les *Païlis* iraniens.

(2) Conf. L. de Manou, VIII, 174. 175.

(3) Leist, *loc. cit.*, p. 105, assimile les premiers rois de Rome aux chefs
de tribus de l'Inde et de la Grèce : « Der Stamm steht unter dem Kleinkö-
nige; bei den Indern dem râjan oder gopâ-janasya, bei den Eraniern dem
daqyuma, dem germanischen König, dem griechischen alten φυλοβασιλεύς,
dem italischen rex von der Art des Romulus und Titius Tatius. »

(4) Cic., *De Rép.*, V. § 3; Tite-Live, I, § 40; Denys d'Halicarnasse, I, 56
IV, 25; Tac., *Ann.*, III, 26; Pomponius, Fr. 2. §§ 1. 2. 3, D. I, 2.

Cicéron constate qu'il n'était rien de si royal que de pourvoir à la réalisation de l'équité, ce qui comprenait l'interprétation du *jus*. Le roi de Rome rendait la justice. Mais à quel titre? Est-ce parce que cette fonction était inhérente à la royauté et comprise dans l'*imperium?* Non, car la *jurisdictio* fut d'abord distincte de l'*imperium*, bien qu'elle s'y soit rattachée d'assez bonne heure (1). La raison d'être de cette juridiction royale se trouve dans la position éminente du roi, le désignant au choix des parties qui cherchent un arbitre. Cicéron lui-même nous le dit : « Ce droit, les particuliers avaient « pris l'habitude de le demander aux rois. » Comme les rois de la Grèce héroïque, le roi de Rome, en rendant la justice, exerce moins un droit qu'il ne remplit un devoir. Sa haute situation l'oblige à venir en aide aux plaideurs. En échange de ce service auquel il est moralement tenu, la communauté lui accorde une sorte de liste civile consistant dans les revenus de certains biens du domaine commun (2).

Il y a plus; Cicéron dit formellement qu'il n'y avait pas à cette époque d'organisation judiciaire. « *Hic vero quisquam privatus erat disceptator aut arbiter litis.* » Il s'agit ici du personnage qui plus tard présidera au *judicium*, du *judex* ou de l'*arbiter*. La phrase que je viens de citer ne veut point dire qu'il n'y avait pas d'arbitre privé ou volontaire, il y en a eu de tout temps, et rien au monde ne pourrait empêcher qu'il y en eût. Si l'on veut, le roi était un arbitre officiel, mais, comme le pouvoir de tout arbitre, le sien avait pour fondement le libre choix des parties. La manière d'exercer cette fonction était susceptible de plus ou de moins : Numa la remplit avec une assiduité toute particulière. Cela montre bien que l'organisation de la justice ne faisait pas partie intégrante de l'État. Le roi absent, la justice privée, l'arbitrage volontaire pouvaient seuls mettre un terme aux litiges, ce qu'on n'aurait point toléré si l'on avait pensé que ce rôle de juge fît partie de la constitution. La vérité est que ce rôle était personnel au roi, qui le jouait à raison de la place éminente qu'il occupait dans la communauté, et par la volonté des plaideurs.

(1) Paul, L. 12, § 1, D. V, 1.
(2) Comme dans Homère les Lyciens à Bellérophon. Voy. p. 54.

Quand il n'était pas là, la chose importait peu; on choisissait un autre arbitre, un pontife, par exemple, et tout était dit. La légende de Numa nous le représente comme ayant eu le goût des débats judiciaires : il les présidait ordinairement, appelait à lui les plaideurs et se plaisait à leur fournir de subtiles solutions. C'était un pontife, et non un soldat. Il fut un des premiers jurisconsultes de Rome. Le peuple admirait les sentences qui tombaient de sa bouche inspirée; il en conservait le souvenir. Il y eut, un moment, comme une sorte de jurisprudence de Numa. De là l'idée des lois qui lui furent attribuées.

On voit que le passage de Cicéron dont on se sert pour établir cette doctrine que les premiers rois de Rome eurent la plénitude de la juridiction criminelle et civile, va tout à fait à l'encontre d'une idée semblable et ne nous apprend qu'une chose, à savoir, qu'il n'existait, à l'origine de Rome, aucun pouvoir judiciaire objectif et supérieur aux parties.

Tite-Live ne nous autorise point à conclure différemment dans le passage de son Histoire où il raconte le meurtre de Tarquin l'Ancien. Que nous montre-t-il? Deux bergers se disputant dans le vestibule de la demeure royale, faisant le plus de bruit qu'ils peuvent dans le but d'attirer l'attention et feignant une rixe afin d'avoir l'occasion de s'introduire auprès du roi. Ils sont dans le vestibule de ce dernier; il est naturel que les *apparitores* les arrêtent. Le roi a certainement un droit de police dans sa propre maison. On comprendrait qu'ils fussent conduits sans autres explications devant le roi. Cependant Tite-Live prend soin de nous dire qu'ils ne sont introduits que sur leur demande. Tous deux en appelaient au roi et leurs clameurs ayant été entendues du palais, il furent reçus par Tarquin (1).

En présence du roi, comment les choses vont-elles se passer? Voyons-nous un ordre procédural quelconque qui nous permette de soupçonner une juridiction royale procédant d'après certaines règles? Non, encore. Les deux meurtriers continuent à vociférer de plus fort et à s'interpeller à l'envi. Un licteur

____

(1) « ... Quum ambo regem appellarent, clamorque eorum penitus in regiam pervenisset, vocati ad regem, pergunt. »

intervient et leur ordonne d'expliquer leur affaire. C'est alors que tandis que l'un d'eux entreprend un récit de sa composition, l'autre frappe Tarquin à la tête et l'abat d'un coup de hache. Là, encore, le roi ne remplit qu'un rôle purement arbitral à la demande des parties.

Reste Denys d'Halicarnasse. Je ne parlerai pas de la valeur que l'on doit attribuer, en général, à ce que raconte ce trop érudit historien. Denys sait tout et un peu plus encore. Le passage sur lequel j'ai à m'expliquer ici ne gênant en rien la thèse que je soutiens, cela me dispensera d'invoquer ce que M. Taine a appelé l'imbécillité de Denys (1).

En qualité de libre-penseur, Denys ne croit point à l'enlèvement de Romulus par les dieux. J'avoue qu'on s'explique difficilement l'empressement de ces derniers à se créer un collègue dans la personne du fils de Rhéa Sylvia. Les patriciens l'ont tué : ici se placent plusieurs explications sur la manière dont ils se sont pris pour le tuer. Puis viennent les causes du meurtre, et, parmi elles, celle-ci : Romulus devenait un tyran. Pourquoi? Parce qu'il s'arrogeait le droit de punir les délits et d'appliquer des peines d'une sévérité extrême; et cela sans consulter personne, sans prendre l'avis du Sénat, son conseil. Que devient, après cette explication, la juridiction absolue du roi en matières civile et criminelle? Romulus a-t-il voulu l'exercer d'une façon courante? Non. Il a envoyé à la mort quelques bandits qui dévastaient les champs de leurs voisins, et on trouve cela intolérable, et on le punit de la même peine, quitte à en faire un dieu une heure après.

Évidemment son successeur a dû se le tenir pour dit, et la tentative audacieuse du premier roi resta sans conséquence sur la constitution politique du jeune État.

Quant à l'histoire d'Horace, légendaire ou non, elle ne permet pas d'attribuer au roi un droit de haute justice criminelle. Pour s'en rendre compte, il faut se rappeler que tout chef de guerre est investi du *jus vitæ et necis*. En présence de l'ennemi, la discipline étant la sauvegarde de tous, le général est nécessairement dictateur dans son camp. Agamemnon ne peut rien contre ceux qui l'outragent à l'agora : « Prenez garde, leur dit-il,

______

(1) H. Taine, *Essai sur Tite-Live*.

demain, à l'heure du combat, j'aurai droit de vie et de mort. »
Clovis ne peut rien contre le soldat qui lui refuse le vase de
Soissons; mais le lendemain, dans une revue d'armes, il le tue
impunément. La légende Horatienne ne contient qu'un fait de
ce genre. Camille est allée au devant de son frère, en dehors des murs, *obvia ante portam Capenam fuit*, et c'est là
qu'il la tue, l'armée étant encore sous les armes. Le roi pouvait
prononcer seul la sentence; c'était le droit : sous la République, les consuls l'auraient pu, la hache était encore aux fais-
ceaux des licteurs. Mais à cause de la gloire qui ceignait le
front du coupable, Hostilius, embarrassé, nomma des duumvirs. Qu'étaient ces duumvirs? Ici, Tite-Live est formel. Ce
sont des *duumviri perduellionis*, c'est-à-dire des magistrats qui
jugeaient les traîtres, les lâches, les transfuges, une sorte de
conseil de guerre ou de cour martiale. Leurs sentences étaient
des mesures de salut général. Voilà pourquoi il n'était pas nécessaire d'être coupable pour être condamné (1). La loi qui
avait établi cette juridiction, pouvait être un décret des *curies,*
ou une institution pontificale.

Condamné, Horace en appela au peuple et fut absous par
lui. Mais, afin de le purifier de son crime, son père paya une
amende au trésor des temples, fit des sacrifices dont l'usage
se perpétua dans la gens *Horatia*, et le fit passer sous le joug,
la tête couverte d'un voile (2).

L'armée romaine était souillée, il fallait qu'elle se purifiât
dans la personne de celui qui, par un meurtre, attirait sur elle
la colère des dieux. En temps ordinaire, le crime d'Horace
n'eût relevé que du tribunal domestique, et la cité n'en eût pas
été troublée.

Les premiers rois de Rome ne jugeaient donc pas plus au
criminel qu'au civil; et les curies ne connaissaient d'autres
crimes que ceux qui mettaient la communauté et l'existence de
la cité en péril. Mais, plus tard, les rois s'arrogèrent les droits
qu'on ne leur avait pas reconnus tout d'abord. Tarquin le Superbe prononça, de sa seule autorité, des sentences capi-

(1) « Hac lege duumviri creati qui se absolvere non rebantur ea lege, ne
innoxium quidem posse quum condemnassent. » Tit.-Liv., I, 26.
(2) Tite-Live, I, 26.

tales (1). Quant à la juridiction civile, elle fut définitivement établie par la distinction du *jus* et du *judicium*.

A quelle époque remonte la distinction du *jus* et du *judicium* qui paraît avoir introduit pour la première fois, dans la justice civile, un fonctionnement régulier? Il est assez difficile de le dire. Il est probable que ce progrès se réalisa insensiblement. Le roi surchargé aura délégué à des sénateurs la mission que les parties lui avaient confiée. Si nous en croyons Denys, Servius Tullius, considérant comme lui appartenant en propre cette juridiction, naguère volontaire et gracieuse, aurait séparé la justice civile de la justice criminelle, ou, pour être plus exact, des crimes et délits politiques, et aurait conféré à des particuliers le droit de juger en son nom dans le premier ordre de faits. Ce qui paraît certain, c'est que cette révolution fut accomplie sous les rois; il est donc naturel qu'elle ait été l'œuvre du roi démocrate (2). Mais nous n'avons sur ce point aucune donnée précise.

Tarquin le Superbe s'excuse de s'être fait attendre à une assemblée d'alliés par cette raison qu'il a été pris pour médiateur entre un père et un fils (3). L'action médiatrice et bienfaisante du roi se faisait donc sentir jusque dans le sein des familles, entre personnes qui ne pouvaient avoir de procès l'une contre l'autre. Cette justice arbitrale du roi put subsister même après l'organisation du *jus* et du *judicium*. C'était un moyen pour le roi de témoigner aux plaideurs son intérêt et sa bienveillance.

Les règnes des Tarquins et de Servius Tullius paraissent avoir été pour Rome le point de départ d'une ère nouvelle. Avec eux, la civilisation et les procédés de gouvernement de l'Étrurie font leur entrée chez les populations latines et sabines. Le luxe, le goût des constructions plus solides et plus confortables, des costumes et du cérémonial, une certaine politesse paraissent avoir régné à la cour des trois derniers rois. Il se produisit alors quelque chose d'analogue à ce qui se passe aujourd'hui lorsque, dans une de nos colonies, les résidents et les

(1) Tite-Live, I, 49.
(2) Tacite, *Ann.*, III, 26
(3) Tite-Live, I, 51.

administrateurs européens viennent tout à coup importer à la cour d'un roi barbare les mœurs, les usages, les goûts et même les lois et les rouages administratifs de la métropole. Il est possible que Servius Tullius ait rêvé d'imposer ou de faire accepter aux Romains toute la civilisation étrusque, qu'il ait porté les lois qu'on lui attribue et qui ont disparu avec la royauté, en même temps qu'il faisait admettre toute cette organisation militaire de la population, basée sur la richesse, qui lui a survécu.

Après Tarquin le Superbe, Rome reviendra, en partie, à ses anciennes coutumes. Les lois royales lui paraîtront odieuses comme les étrangers qui les ont portées. En haine des Toscans, elle ne voudra plus de rois, même tirés de son sein et de ses vieilles familles. Les Tarquins avaient rendu à jamais impossible un retour à la royauté héroïque et légendaire. Brutus rendit impossible le retour de la royauté étrangère, qui ressemblait bien plus à celle de Denys et des autres tyrans de la Sicile ou de la Grande Grèce, qu'à celle de Romulus ou de Numa. Seuls les quatre premiers rois se rattachent à ces anciens pasteurs des peuples des temps héroïques et aux anciens rois italiotes des légendes grecques.

Ainsi envisagée, l'histoire de l'autorité royale n'est point contredite, mais plutôt confirmée par le jurisconsulte Pomponius dans les fragments de son *Enchiridion* qui ont été insérés au Digeste (1). « A l'origine, le peuple romain n'était régi ni par « des lois certaines, ni par aucun droit déterminé. Toutes choses « étaient prévues et réglées par les rois. » Voilà à coup sûr des termes bien vagues. Il faut entendre par là « toutes choses dont ces rois avaient à s'occuper, qui entraient dans les prérogatives qu'on leur reconnaissait ou dans les devoirs que l'opinion leur imposait. » Pomponius ne nous dit pas quelles sont ces choses. Il ne contredit donc pas les textes analysés plus haut, et auxquels, pour le comprendre, il est nécessaire de se référer.

Continuons. Le jurisconsulte rapporte la légende de la di-

___

(1) *Frag.* 2, §§ 1 et 2, I, 2, *De orig. juris.* : « Et quidem initio civitatis nostræ populus, sine lege certa, sine jure certo primum agere instituit, omniaque manu a Regibus gubernabantur. »

vision du peuple en trente curies par la volonté arbitraire de
Romulus. Les curies et le roi portèrent quelques lois, ajoute
Pomponius, et les rois suivants en portèrent aussi. Je n'y
contredis pas : que les curies aient fait quelques lois, la chose
est vraisemblable, mais de là à leur attribuer une législation
un peu sérieuse sur le droit civil ou l'organisation judiciaire,
il y a loin. Vraie ou fausse, cette législation n'aurait jamais
été coordonnée que sous le règne de Tarquin le Superbe, c'est-
à-dire d'après l'esprit et sous l'influence des étrangers. Cette
première compilation fut ce qu'on a appelé le *jus civile Papi-
rianum* (1). Il est fort probable que ce livre contenait autre
chose que les lois portées par les curies et les rois. Le *fas* et le
jus s'y mêlaient; et le droit coutumier en formait peut-être le
fond.

Pomponius n'apporte aucun élément pouvant servir de base
à la critique. Mais par cela même, il n'infirme en rien les récits
ou les opinions de Tite-Live et de Cicéron.

Tels furent les caractères de cette royauté primitive qui
contribua beaucoup à introduire dans le monde l'idée du pouvoir fondé sur le droit plus que sur le fait, c'est-à-dire du
pouvoir librement consenti et accepté, mais qui fut lente à la
faire pénétrer dans les esprits, et, le plus souvent, expira juste
au moment où cette idée allait porter ses fruits, où l'État qui
n'était, chez elle, qu'en puissance, se dessinait aux yeux de
tous. Elle exerça, pendant assez longtemps, une sorte d'autorité
religieuse et militaire, librement consentie par les peuples.
Quant à son rôle judiciaire, il résultait dans ce fait que les
plaideurs allaient pour faire régler leurs litiges à de plus grands
qu'eux. Celui qui avait conscience de son droit cherchait à
conduire son adversaire devant un homme dont la haute situation intimidât, devant lequel on n'osât pas soutenir un mensonge. Partout, comme à Rome, le roi, l'homme en vue exerça
une sorte de primauté judiciaire, primauté que lui reconnaissaient librement les plaideurs.

III. — Reste le peuple. On le voit figurer dans certains débats judiciaires. Il semble même, au premier abord, qu'il y
prenne une part active. De là, on a souvent conclu à une sorte

______

(1) Frag. 2, § 2, 1, 2. *De orig. juris.*

de justice populaire dans les sociétés primitives. C'est une illusion bien facile à dissiper.

Dans la fameuse scène ciselée sur le bouclier d'Achille, Héphaistos a représenté la multitude poussant des acclamations ou proférant des murmures : « La foule se pressait dans l'Agora (1) ; deux hommes se disputaient à propos du rachat d'un meurtre ; l'un affirmait avoir tout payé, l'autre soutenait n'avoir rien reçu. Tous deux demandaient qu'un arbitre mît fin à leur différend. La foule (2), criant, se pressait tout autour avec ceux qui assistaient (3) les plaideurs. Les hérauts (4) la maintenaient. Les gérontes étaient assis sur des sièges de pierre dans le cercle sacré. Dans les mains des hérauts à la voix retentissante étaient les sceptres qu'ils prenaient, en se levant, pour dire tour à tour le droit (5). Etaient placés au milieu deux

(1) La vie antique s'écoule en public. La scène des tragédies grecques représente le vestibule d'un palais ou la place qui le précède. L'Agora est, dans la cité ou dans le camp, un lieu de réunion. C'est un marché qui tient de la foire, on y trafique, on y parle surtout. On y plaide, et les rois y attendent les plaideurs. Ceux-ci viennent y choisir un arbitre. Le peuple s'y réunit, pour apprendre les nouvelles ou pour délibérer. Dans Homère, les rois seuls prennent la parole. Il n'y a point de président de l'assemblée. Achille ou tout autre la convoque aussi bien qu'Agamemnon. *Il.,* I, 54 ; II, 95 ; *Odys.,* II, 35 ; Hérodote, I, 153.

(2) *Il.,* XVIII, v. 496. 508. Remarquez le pluriel Λαοί, il indique non pas un peuple réuni en comices, mais une multitude réunie par l'effet du hasard, les passants qui s'attroupent sur la place publique.

(3) Ἀμφὶς ἀρωγοί, et en dehors de la foule, *ceux qui assistaient les plaideurs;* le sens paraît être le même que celui d'ἀρηγών, défenseur. Ἀρωγοί indique probablement les membres des familles des plaideurs, les vengeurs.

(4) Κηρύκων, les hérauts ne sont pas des officiers publics, mais des personnages de la suite de quelques grands. Chaque géronte a son héraut et, dans la bataille, son cocher, son écuyer. Ces personnages ne sont pas tirés du menu peuple. Ce sont des vassaux, ou des fils de grandes familles attachés à la personne des héros (*Il.,* XXIII, 91. 90).

(5) Δικάζειν veut dire tantôt *plaider, soutenir sa cause,* tantôt *prononcer une sentence.* Aussi les commentateurs ne sont pas d'accord sur le sens du vers 506 (XVIII).

Τοῖσιν ἔπειτ' ἤϊσσον, ἀμοιβηδὸν δὲ δίκαζον.

Les uns, le rapportant aux plaideurs, traduisent :

« Puis, ayant saisi les sceptres, ils (les plaideurs) s'avançaient tour à tour
« et plaidaient. »

Les autres le rapportant aux gérontes :

talents d'or pour être donnés à celui qui dirait la sentence juste (1). »

La foule se presse autour des plaideurs et des juges. La rapsodie nous la montre approuvant ou désapprouvant les uns et les autres par ses cris. La foule, οἱ λαοί, ce sont les individus qui se trouvent là par hasard. Ont-ils une part active au jugement? Évidemment non (2). Les plaideurs, qui sont les seuls maîtres de la procédure, ne s'adressent pas à eux, mais aux gérontes. Cependant la foule qui de tout temps s'est mêlée à ce qui ne la regardait pas, donne son avis sur le litige. Ses acclamations et ses murmures indiquent assez de quel côté elle penche. Qu'il le veuille ou non, le juge subit ce bruit continuel de voix, ces clameurs qui se renouvellent à chaque phase du procès, et, sans doute, plus d'une fois il en est impressionné, le dieu se servant de la multitude pour inspirer la sentence. *Vox populi, vox Dei.*

Les gérontes ne sont pas plus les présidents d'un tribunal populaire qu'ils ne sont les délégués du roi (3). Leur très faible autorité n'a pour base que le choix libre des parties et l'inspiration que celles-ci leur supposent. Or, l'inspiration est un don personnel qui ne se délègue point. Cette croyance explique l'apparat presque religieux avec lequel ils siègent dans le cercle sacré. En disant le droit aux plaideurs, ils se conforment

« Ils (les gérontes) s'appuient sur leurs sceptres lorsqu'ils se lèvent et pro-« noncent la sentence tour à tour. »

(1) Une difficulté analogue à la précédente se présente à propos des vers 507-8.

On peut également les rapporter aux plaideurs :

« Devant eux sont deux talents d'or destinés à celui qui a le mieux prouvé « la justice de sa cause. »

. C'est le sens qui, au premier abord, paraît le plus naturel. Le gagnant emporterait les enjeux.

Mais d'autres commentateurs les entendent des gérontes, conformément du reste à une scolie : Ἆθλον δικαιοκρισίας φησὶν αὐτοῖς περὶ τῶν δικαζομένων δίδοσθαι.

Cela s'accorde, du reste, avec d'autres passages d'où il semble résulter que la sentence rapportait un certain bénéfice aux juges. Voir p. 45.

(2) Conf. Leist : *loc. cit.*, p. 132 et suiv. Cet auteur suppose que le roi préside les gérontes. Homère ne le dit pas.

(3) Voy. Thonissen : *Le dr. pén. de la Rép. athén.*, p. 23, qui émet cette opinion singulière, que les gérontes sont des juges établis par le roi.

à une obligation morale, ils accomplissent une mission sainte.

Cette justice populaire, on a surtout cru la trouver en Germanie dans le *thing* que Tacite rend par le mot *concilium*. Il a fallu pour cela une bonne volonté excessive. Ni César, ni Tacite ne disent rien qui puisse servir de base à cette opinion. Dans ces assises où se traitaient les affaires générales du pays, les rois et les *principes* ne se faisaient écouter que par l'ascendant de la persuasion. Ils formulaient des propositions qu'on rejetait par des murmures ou qu'on agréait par le choc des boucliers et des framées. Tacite (1) ajoute que l'on pouvait porter devant ces assemblées des accusations criminelles. Il donne ensuite l'énumération des crimes qui étaient ainsi jugés dans le *concilium*. Tous se rapportent à la chose publique et visent la communauté. On y voit l'état naissant qui cherche à se préserver par des exécutions brutales contre les traîtres, les lâches et les transfuges. L'outrage à la morale que la tribu se créait, était également puni par une sorte de loi de Lynch : première révolte instinctive et exagérée de la pudeur. Certains peuples punissaient ainsi l'adultère, et la multitude prenait part au châtiment. Les Hébreux lapidaient devant sa porte la femme coupable de ce crime (2). L'adultère paraissait quelque chose de monstrueux à ces anciennes populations, comme encore aujourd'hui aux Kurdes et aux Bédouins; il détruisait la famille, seule base sérieuse de la société d'alors (3). On ne lui trouvait point d'excuse, puisque les hommes de ces temps n'avaient, pour ainsi dire, aucune idée de l'amour électif. Pourtant, les Germains n'en étaient pas encore arrivés là; le châtiment de la femme était chez eux l'affaire du mari (4), comme chez les Gaulois.

Où trouvera-t-on, dans ce que nous racontent les anciens, une base au paradoxe d'une justice populaire à l'aurore de la

---

(1) Tac., *Germ.*, 11.

(2) Deut., XXII. Il ne faudrait point cependant exagérer l'ancienneté de cette coutume chez les Hébreux. Le Deutéronome est du temps de Josias, mais il rapporte, dans cette circonstance, une coutume évidemment très antérieure. Voy. pourtant plus loin, IV, 1.

(3) L. de Manou, III, *sloc.*, 175; VIII, *sloc.*, 353. — Pour la Germanie au v⁴ siècle, *Epistolæ S^{ti} Bonifacii*, ép. 19, éd. Nic. Serarius, 1605.

(4) Tac., *Germ.*, § 19.

civilisation germanique? Sera-ce dans les procès pour cause de meurtre? Personne ne le soutiendra. En cette matière surtout, la justice privée s'exerçait et devait s'exercer encore pendant plusieurs siècles. Le juge n'était, dans ces questions, qu'un arbitre. Or, un arbitrage ne peut être confié à une multitude indisciplinée, tumultueuse et délibérant en armes. L'idée de lui confier l'examen et la solution des litiges, voilà qui ne vint jamais à l'esprit des peuples antiques!

Les tribunaux de 600 ou 1,500 et quelquefois même de 6,000 héliastes, comme on en vit à Athènes, furent le produit de la pensée démocratique, chauffée à blanc. Ce n'étaient pas les plaideurs qui y gagnaient, mais les juges. L'hélie ressembla très vite à une sorte d'atelier national et devint, à vrai dire, une forme d'assistance publique obligatoire. Rien de pareil aux temps héroïques et barbares. Attribuer aux *concilia* germaniques une juridiction coutumière sur les particuliers, est une erreur en tout semblable à celle qui consisterait à dire que les trente à quarante mille individus présents aux plaids de Charlemagne constituaient un tribunal pour juger les procès.

La première chose qu'eût fait un tribunal, populaire ou non, mais jouissant du pouvoir de prononcer des sentences comminatoires, eût été de désarmer les plaideurs, Or, chez les Germains, les affaires privées, comme les affaires publiques, se traitaient en armes (1). N'est-ce pas là une preuve que les plaideurs dirigeaient eux-mêmes la marche de la procédure et étaient toujours libres de la transformer en bataille? La procédure était donc purement arbitrale. Elle gardera ce caractère encore longtemps. Sous l'empire de la loi Salique, les sentences rendues dans le *mallum* n'emporteront aucune exécution forcée. En présence de cette vérité reconnue, peut-on encore soutenir que le peuple intervenait dans la décision? Nul n'ignore le despotisme, l'intolérance, le souverain mépris de la liberté individuelle, l'impertinente prétention d'imposer son sentiment bon ou mauvais, vrai ou faux, l'incapacité complète de supporter la plus légère contradiction qui sont le fait de toute masse populaire, de toute multitude, souveraine toujours, parce qu'elle est le nombre, c'est-à-dire la force. Com-

---

(1) Tac., *Germ.,* § 13. L. Sal., 46.

.ment admettre que cette assemblée populaire, siégeant en armes, eût consenti à se transformer en tribunal arbitral, à chercher une solution à un litige pour voir les deux parties dédaigner la sentence et en appeler aux chances d'un combat? Si le peuple eût été juge, il aurait imposé sa décision par la force. Si en lui avait résidé la souveraineté du pouvoir judiciaire, il eût investi ses délégués du droit de réaliser cette exécution forcée, et d'assurer l'obéissance au jugement. Or, il ne l'a pas fait; c'est que, ni lui, ni personne ne songea jamais à lui assigner ce rôle de juge, et n'entrevit même la possibilité de le faire.

Mais, dit-on, les *principes* qui rendent la justice dans les *pagi* et les *vici* sont désignés par l'assemblée. Il en est de même des *centeni comites* qui leur sont adjoints et qui sont pris dans la *plebs* opposée, par Tacite, aux *principes*. A cela, il serait facile de répondre que les juges étant nécessairement choisis parmi les *principes*, il n'y a rien de populaire dans la justice qu'ils rendent (1). Mais peut-être le caractère démocratique de l'institution réside-t-il dans les *centeni comites* qui les assistent?

Ici est le grand champ de bataille. Que d'escarmouches s'y sont livrées les savants de France et d'Allemagne! Les *centeni comites* sont-ils cent assesseurs, élus comme les *principes* dans le *concilium populi?* Sont-ils simplement les hommes libres des centaines déjà existantes en Germanie?

Je ne crois pas qu'il y ait eu, avant les invasions, de centaines ayant une base territoriale. Je suis moins sûr que cette division n'existait pas au sein du *concilium* (2). En somme, ce

(1) Dahn, *Die Könige der Germanen*, I, p. 69 : « Mit Recht hat man bemerkt dass, an eine Auswahl aus den *principes* zum Zweck des Richteramtes zu denken schon der Indikativ *reddunt* verwehrt. »

(2) Tac., *Germ.*, 6 : « .. In universum æstimanti, plus penes peditem roboris : eoque mixti præliantur, apta et congruente ad equestrem pugnam velocitate peditum quos ex omni juventute delectos ante aciem locant. Definitur et numerus; *centeni* in singulis pagis sunt; idque ipsum inter suos vocantur; et quod primo numerus fuit, jam nomen et honor est. » La centaine était donc l'unité tactique fournie par un *pagus*. La nation en marche pour l'émigration était rangée par *pagi* et, l'organisation étant militaire, par centaines. Il en résulta que, lors de l'établissement sur le territoire envahi, celui-ci fut distribué par centaines et les nouveaux groupes de *villæ* s'appelèrent centaines. Conf. : *Republik und Königthum im alten Germanien*, von

concilium n'était autre chose que l'armée assemblée. Si rudimentaire que fût l'organisation militaire, elle devait comporter un certain nombre d'unités tactiques. La centaine semble avoir été l'une de ces unités tactiques. Les *comites* étaient pris parmi les guerriers chefs ou membres des centaines. Avec le *princeps*, ils composaient une sorte de cour, devant laquelle les plaideurs pouvaient se rendre quand ils jugeaient à propos de ne pas recourir à la justice privée. La direction du débat appartenait au *princeps*. Avant de prononcer la sentence, il prenait l'avis des *comites*. Ceux-ci servaient surtout à garantir (1) la conformité de cette sentence avec la coutume du pays. A un certain point de vue, ils jouaient un rôle analogue à celui des personnes appelées dans les enquêtes par turbes de l'ancienne France. L'autorité du nombre, de la valeur, qu'ils représentaient, suppléait à l'inspiration thémiste absente en Germanie.

Quant à savoir si le pouvoir judiciaire résidait dans les *principes* ou dans les *comites*, c'est une question qui ne se pose même pas. En vérité, ni les uns ni les autres n'étaient des juges dans le sens strict du mot. Leur sentence n'avait aucune force en dehors de la libre obéissance des parties. Celles-ci pouvaient n'en point tenir compte et en appeler à la justice privée. De cela conviennent ceux même qui ont le plus discuté sur les pouvoirs réciproques des *principes* et de leurs assesseurs (2). Sir Henri Sumner Maine s'exprime en ces termes sur la cour de centaine à l'époque de la loi Salique : « Elle « est foncièrement technique. Sur les causes soulevées par un

Wilhelm Voss, Leipsig, 1885. p. 22 seqq. Cette organisation militaire a, du reste, été commune à tous les peuples indo-européens. On se rangeait en bataille par familles et par phratries, et l'unité tactique était cent ou un autre multiple de dix. — *Il.*, II, 362. L'armée est rangée par tribus et par phratries. A Rome, l'unité tactique est la centurie pour l'infanterie et la décurie pour la cavalerie. Même organisation chez les Iraniens.

(1) C'est ainsi qu'il faut expliquer, je crois, le mot *auctoritas* sur lequel se sont élevées tant de controverses. Il a ici le sens de garantie. La présence des *centeni* fait que les plaideurs acceptent plus facilement la décision qui serait moins aisément exécutée si elle n'émanait que d'un seul homme qui serait *princeps*. Tac., *Germ.*, 12.

(2) Voy. Fustel de Coulanges, *L'org. jud.; Rev. des Deux-Mondes,* 1871, t. 92, p. 277.

« contrat ou une question de propriété, elle n'impose pas de
« force ses décisions. On peut soupçonner qu'à une époque plus
« ancienne » — celle dont nous nous occupons — « cette sin-
« gulière inaptitude s'étendait à toutes les injonctions de la
« cour de centaine. L'explication semble bien être que les pre-
« mières cours établies délibérément par l'humanité n'étaient,
« à vrai dire, que des cours d'arbitrage (1). »

Il serait inutile d'opposer à ce que nous venons de dire
qu'on comprend mal l'élection des membres d'un tribunal arbitral par l'assemblée populaire. D'abord, peut-on dire qu'il y
avait élection au sens où nous l'entendons aujourd'hui? Le
seul mode de votation consistait dans des acclamations et des
murmures. Les *principes*, pour qui c'était une charge et une
sorte de devoir de rendre la justice, choisissaient, parmi
eux, les hommes les plus sympathiques à la population, afin
que la tâche fût par là rendue plus facile. D'autre part, les
juges recevaient une sorte de rétribution qui plus tard devint le *fredum* (2); il était donc naturel que les plaideurs
qui payaient leurs arbitres profitassent d'un jour où tout le
peuple était assemblé pour choisir des conciliateurs qui leur
plussent (3).

Chez les anciens islandais du xi° siècle, par conséquent à un
moment plus avancé de l'évolution juridique, il n'y avait pas
non plus de juridiction populaire. Les différends étaient tranchés avec plus ou moins de succès par des tribunaux qui se
constituaient aux époques de l'*Allþing* ou des *þing* provin-
ciaux. Le choix des juges était confié, non à l'assemblée,
mais aux *godar*.

Ces *godar*, sorte de rois, étaient en même temps chefs politiques, prêtres et juges (4). Leurs fonctions constituaient une
charge héréditaire et vénale. Il est bien probable qu'il fut un

---

(1) *Études sur l'anc. dr. et la cout. prim.*, p. 227, trad. Dur. de Leyritz.

(2) Au temps de Tacite, le *fredum* est déjà payé au roi ou à la cité. *Germ.*,
12.

(3) Une autre raison qui faisait que les tribunaux d'arbitres devaient être
choisis dans l'assemblée générale et non dans le sein de chaque *pagus* ou de
chaque *vicus*, c'est qu'ils devaient connaître des crimes et des délits de *pagus*
à *pagus*, de *vicus* à *vicus*.

(4) Grágás, I, p. 109 seqq., 130. 165, éd. Schlegel, 1829.

temps où ils avaient en fait le monopole de la justice. Les Sagas
nous les montrent dirigeant encore la procédure, instituant les
juges et assistant les plaideurs comme jurisconsultes. Ils n'a-
vaient pas une juridiction territoriale bien délimitée en ce qui
concerne la justice. L'islandais venait réclamer une sentence au
godi qui lui inspirait la plus grande confiance. D'où l'on peut
conclure que la décision n'avait qu'une valeur arbitrale, la
force coercitive des jugements étant intimement liée à la juridiction territoriale, et ne pouvant exister sans elle. Du reste,
le même caractère se retrouve dans les jugements rendus par
les tribunaux de l'*Allping*. Les juges siègent, à peu près, avec
les mêmes formes solennelles et religieuses que nous avons re-
levées dans Homère. On trace deux cercles autour des bancs de
pierre occupés par eux. Les demandeurs sont placés au sud;
les défendeurs se tiennent au nord (1). Les uns et les autres
prêtent serment avec leurs *quidr*. Chaque partie s'adresse
particulièrement à un des juges qui résume ensuite le débat.
Sauf dans le *fimtardomr*, tribunal d'appel constitué très tard,
l'unanimité des voix est exigée. Si les juges ne s'entendent pas,
chaque partie va sur la montagne de la loi réclamer l'exil
contre le juge qui l'a condamnée et l'on va devant le *fimtardomr*
qui parvient parfois à mettre les parties d'accord. Mais, souvent aussi, ce dernier tribunal échoue; alors on en revient à la
justice privée. Là, comme partout ailleurs, au glaive appartient le dernier ressort (2).

Évidemment si le peuple avait eu entre les mains le pouvoir judiciaire à une époque antérieure il l'aurait gardé, ou
tout au moins les juges eussent été nommés par lui et non
par les *godar*. Au lieu de cela, tout nous révèle une justice
empreinte d'un caractère religieux. Un tel état de choses ne
peut avoir succédé à un autre plus démocratique et moins pé-
nétré de l'influence sacerdotale. Ce que tient la démocratie,

(1) Nials Saga, LVI, 74.

(2) Geffroy, *L'Islande av. le Christianisme; Rev. de l'Ac. des Inscr. et Belles-
Lettres*, Ire série, VI, p. 415. — Dans le Grâgâs, le rôle des *godar* n'est
déjà plus aussi important que dans les Sagas. Voyez dans l'introduction de
Schlegel les §§ 27, 28 et 29 où il compare le droit du Grâgâs avec celui
dont témoigne notamment la Nials Saga. Pour le *fimtardomr*, voy. § 30, p.
90. — Comparez aussi le *godi* avec le *löysöjomann*, I, p. 1 et suiv.

elle le tient bien, et nul ne peut plus le lui arracher. Les théocraties, les aristocraties ne sont point étrangères aux concessions; harcelées, elles abandonnent de temps à autre quelques-uns de leurs droits ou de leurs privilèges; elles s'effondrent enfin, le jour où ceux qui, chez elles, détiennent le pouvoir, viennent à douter des principes sur lesquels elles reposent. Les démocraties, jamais. Fondées sur l'envie, elles ne connaissent ni transactions, ni capitulations. Elles savent qu'étant le nombre, l'avenir leur appartient; et le vice sur lequel elles s'appuient pour gagner le cœur des individus est de ceux qui ne font jamais banqueroute. La démocratie est l'avenir, elle n'est pas le passé. Espérer la rencontrer dans les institutions judiciaires à l'origine des peuples ne saurait être qu'une illusion. Les tribus du Nord, comme celles du Sud, ne progressèrent qu'à l'ombre d'une aristocratie religieuse et farouche. Jouir de la plus grande liberté possible était le seul principe politique que l'on admît. La soumission à une autorité supérieure, quelle qu'en fût la nature, était jugée insupportable; l'état fédératif ne parvenait à se constituer qu'en cas de péril extrême pour éviter un plus grand mal. Il fallut tous les raffinements, toutes les séductions de la société romaine pour faire oublier à ces rudes natures les charmes de la vie barbare. Mais sur les bords de l'Elbe les vieilles mœurs persistaient.

Les Saxons, ces redoutables adversaires de Charlemagne, formaient une vaste fédération, rendue nécessaire par le danger d'un aussi puissant voisin. Venues du Nord, leurs tribus renfermaient des nobles (*ethelings*), des hommes libres (*frilings*) et une sorte de serfs (*lassen*), entre lesquels le mariage était interdit. Sectateurs d'Odin, ils professaient les cultes scandinaves; le centre religieux des tribus était le temple d'Irminsul, près d'Eresborg. Sur les rives du Weser, à Marklo, se réunissait, à certaines époques, une assemblée politique composée de députés des trois ordres, élus isolément, douze par *pagus*. Trois des principaux de la nation administraient la confédération guerrière (*ducatus*) (1), ils pouvaient convoquer l'armée. En cas de guerre générale, le sort désignait le généralissime. Mais, dans chaque *pagus*, les prêtres, pris parmi les *ethelings*, pré-

______
(1) *Vita Sancti Lebuini*, Pertz II. — Chronique de Vittikind, XIII.

sidaient à la justice; ils nommaient les juges et les dirigeaient comme le faisaient les *godar* de l'Islande. Cette institution rattache les Saxons aux peuples scandinaves, auxquels elle semble avoir été commune.

S'il nous est permis de faire ce que j'oserai appeler une contre-observation, et d'étayer les raisonnements que je viens de présenter par un exemple tiré d'un peuple qui, de nos jours, en est au degré évolutionnel où se trouvaient les Germains et les Scandinaves aux époques qui nous occupent, je prendrai cet exemple encore parmi les peuplades du Caucase et chez les Ossètes dont un livre (1) que j'ai déjà cité, nous a révélé les institutions et les usages. Les populations caucasiennes en sont encore à la période barbare. Elles ont des tribunaux devant lesquels les choses se passent d'après les règles d'une vraie procédure coutumière. Les sentences de ces tribunaux sont purement arbitrales. Pour en assurer l'efficacité, au moins relative, les juges exigent des parties tantôt le paiement immédiat du prix du sang ou des cautions, tantôt le serment promissoire ou le sequestre des armes. Les preuves admises sont matérielles et peuvent être suppléées par le serment. La constitution du tribunal est volontaire. L'exécution du jugement l'est aussi. Le principe de la chose jugée est inconnu. On peut menacer le juge et, le rendant responsable de son jugement, exercer contre lui le droit de vengeance privée.

Où y a-t-il ici trace d'un droit populaire? L'initiative privée apparaît au contraire partout, sans autre frein que de timides essais d'arbitrage, jusqu'au moment où les sacerdoces naissants essayèrent de la modérer et de la régler au nom de la religion, bien avant que l'État ne fît de la justice un des rouages de son organisation, une des branches de la puissance publique.

(1) *Coutume contemporaine et loi primitive*, par M. Kovalevsky, voy. plus haut, p. 37. — Voy. aussi d'Abbadie, *Nouv. Rev. hist. de dr.*, juillet-août 1888, sur le droit éthiopien.

III.

L'influence sacerdotale. — Caractères de la justice rendue par les prêtres. — Sa sanction.

I. — Les premières familles qui pourvoyaient seules à tous les besoins essentiels de la vie, trouvaient aussi en elles-mêmes de quoi satisfaire aux exigences de l'instinct de religiosité, inné, semble-t-il, dans le cœur des hommes antiques. Le père était le pontife du foyer; il fut le premier sacrificateur, le premier devin (1), le premier poète des lèvres de qui échappèrent la prière rythmée, la formule magique et l'action de grâces naïve (2).

L'homme ne se fit pas d'abord une idée très haute des dieux qu'il adorait. Il les imagina haineux et cupides, d'autant plus terribles qu'on ne les voit pas, se réjouissant de la graisse des sacrifices, aspirant avec volupté la fumée qui de l'autel montait vers eux. Repu, le dieu devenait bienfaisant et prenait parti pour le foyer qui lui épargnait le moins brebis ou libations. La crainte formait le fond de cette religion instinctive; l'émotion esthétique n'y entrait pour rien encore.

Mais la vie se compliquait de jour en jour; des intérêts multiples exigeaient de l'assiduité et des soins plus variés; les chefs de famille ne purent plus suffire à tout. Pour le culte, ils s'adjoignirent des hommes qui faisaient métier de conserver les formules efficaces, de connaître la puissance propre à chaque prière, le rythme de circonstance, et de reproduire exactement les mille détails du culte traditionnel.

Dans l'Inde, ce soin fut commis aux rishis (3), compositeurs et chantres des hymnes védiques. Des familles se consacrèrent à cette science compliquée, expérimentale, nécessaire au sacrificateur. Elles s'en firent un monopole, un moyen d'obtenir

(1) Tac., *Germ.*, 60.

(2) Platon, *Lois*, V; Varron, VII; Cic., *De legibus*, II, 11; *De nat. deor.*, II, 27; Manou, VIII, 3.

(3) Manou l'attribue aux brahmanes, qui succédaient aux rishis.

des honneurs et des richesses. Par le sacrifice, les rishis étaient
puissants sur les dieux et sur les éléments du monde physique
que les dieux personnifiaient. Ils aidaient Indra à forger la
foudre ; ils donnaient à l'Arya la terre et les eaux (1). Par leur
puissance, ils s'identifiaient avec les premiers sacrificateurs
mythiques, avec Indra lui-même (2). Dispensateur de la richesse et de tous les biens, le rishi était un être précieux,
qu'on choyait et qu'on cherchait à héberger le plus longtemps
possible, lorsqu'il venait dans la maison pour y accomplir les
rites sacrés (3). Pour cela, on lui devait le *daksina* ou salaire
du sacrifice ; on le payait. Le rishi était vraiment à la solde du
bénéficiaire du sacrifice (4). Il avait su, par les belles légendes,
par les mythes habiles qu'il composait et qu'il chantait, se créer
une origine quasi-divine et une influence sans borne. Il enseignait qu'il y a deux sortes de favoris d'Indra, les rois et les
chefs puissants qui payent les sacrifices, et les sacrificateurs
eux-mêmes, prêtres, chantres et poètes (5).

Mais, insensiblement, il se distingua du reste des hommes
par des caractères plus saillants. Il se rattachait, à l'entendre,
à la descendance d'un ancien sacrificateur de race divine ; et,
là, on voit poindre la caste. Avec lui, les dieux s'élèvent ; leur
conception s'épure ; on les considère comme des êtres capables
de justice. Ils veillent sur le monde, président aux lois qui le
régissent ; ils deviennent des justiciers qui voient dans l'intérieur des cœurs ce qui est tortueux. Ils regardent « sans cli-
gner de l'œil ; » et là où ils ne voient plus, ils ont des es-
pions (6). Le *Rita* qui d'abord avait été la loi des phénomènes
célestes, qu'on avait ensuite employé à désigner la loi du sacrifice que le prêtre doit connaître, finit par signifier la loi morale.

---

(1) Rig-Véda, VIII, 89. 1.

(2) *Ibid.*, 81. 32. Ils lui disaient : « Tu es à nous et nous sommes à toi. »
Conf. Manou, VIII, *sloc.* 98.

(3) Voy. Bergaigne, *La religion védique*, I, p. 125.

(4) Dans Manou, II, *sloc.* 10 et 13, on voit aussi que le roi possède un
prêtre domestique versé dans la science du droit et qu'il consulte à l'occasion.
Manou disait encore : « La naissance du brahmane est l'incarnation éternelle
de la justice ; car le brahmane, né pour l'exécution de la justice, est destiné
à s'identifier avec Brahma. » I, *sloc.* 98.

(5) Bergaigne, *loc. cit.*, II, p. 298.

(6) Rig-Véda, II, 27. 3.

Que le développement de la société laïque vienne à contraindre ce clergé à donner une forme philosophique à sa doctrine et à se transformer en corporation savante et le brahmanisme et, avec lui, la caste des brahmanes sont définitivement constitués (1).

Déjà les chantres védiques ont imaginé une morale qui en vaut une autre. Ils identifient le bien avec le vrai et le mal avec le faux, et le *Rita*, c'est la vérité. Chez les Iraniens, l'*Asha* subit la même métamorphose. De son sens purement liturgique, il passa insensiblement à une signification morale, qui est encore celle de vérité (2). Ormazd est un dieu lumière, par conséquent un dieu ennemi du mensonge; c'est un grand dieu de l'univers. A mesure que l'homme conçoit la divinité comme plus puissante, la morale, jadis restreinte au petit cercle de la famille, s'étend, et le droit qu'on ne distingue pas de la morale, profite de cette extension. De la nature métaphysique de son Dieu, la morale mazdéenne conclut que les contrats entre ses sectateurs et les étrangers devaient être tenus et que la parole donnée même à un infidèle engageait envers lui (3).

Universellement consultés, les brahmanes et les mages créèrent la première jurisprudence, fondement et point de départ de ces codes qu'ils nous ont légués, et qui sont moins des monuments législatifs que des livres de doctrine ou des rêveries.

A l'autre extrémité du monde aryen, on retrouve cette formation lente et graduelle d'une corporation sacerdotale, humble probablement à l'origine, toute-puissante à l'apogée de son histoire. Je veux parler du druidisme dont le rôle a été si considérable dans la plupart des tribus celtiques (4).

(1) Regnaud, *Matériaux pour servir à l'histoire de la phil. de l'Inde*, p. 63. — La science de Brahma fut transmise des kshattriyas aux brahmanes. Cela est attesté par les Upanishads, II, 1. 4. 11 (*ibid.*, p. 57). Manou.

(2) J. Darmesteter, *Ormazd et Arhiman*, p. 17.

(3) J. Darmesteter, *loc. cit.*, p. 296. — De même, de la croyance à l'immortalité de l'âme, le Gaulois avait conclu à la validité des prêts remboursables dans l'autre vie. Val. Maxime, II, 10; Pomp. Mela, III, 2. — Sur les mages, voyez Hérodote, I, 101. 138; Strabon, XV, 3; Ammien Marcellin, XXIII, 6. Voyez aussi de Harlez, *Introduction à l'étude de l'Avesta*, 1882.

(4) Le druidisme ne s'était pas introduit dans toutes les tribus celtiques; on ne le voit ni en Espagne, ni en Gaule cisalpine, ni à l'est du Rhin (D'Arbois de Jubainville).

Les bardes, poètes improvisateurs, sorte de jongleurs à la solde des grands, paraissent avoir été la plus ancienne assise de cette hiérarchie de prêtres et de lettrés. Posidonius ne parle que d'eux. Diodore de Sicile, Timagène et Strabon les nomment les premiers (1). Ils avaient une sorte de pouvoir magique, et, comme Calchas et Balaam, ils jetaient des malédictions sur les ennemis de leurs patrons. D'autres fois, ils s'interposaient au moment où la bataille allait s'engager, apaisaient les haines et décidaient les combattants à conclure la paix.

Les druides, plus élevés en dignité, étaient, à proprement parler, les prêtres. Comme les rishis, ils offraient les sacrifices au nom d'un particulier ou d'une *civitas*. Leur rôle d'intermédiaire entre la divinité et les hommes les faisait redouter et leur attirait de riches présents; mais, au début, ils n'étaient que des auxiliaires à la solde des rois et des familles opulentes (2). Chez les Celtes, comme dans l'Inde, nous constatons, ainsi que je l'avais annoncé, la préexistence de la royauté héroïque aux castes et aux collèges sacerdotaux.

Entre les bardes et les druides, les anciens auteurs placent un ordre spécial, ayant comme eux un caractère sacré; ce sont les μαντεὶς ou οὔατεις (3), les *filé* des vieux écrits irlandais. Les *filé* étaient réputés posséder une science surnaturelle qu'ils tenaient, disait-on, du dieu Dagdé (4). Ils étaient devins et, comme les bardes, avaient le pouvoir de prononcer des malédictions et d'attirer sur la tête de leurs ennemis les plus redoutables fléaux. En Irlande, ils constituaient une corporation judiciaire. Seuls, ils jugeaient et prononçaient des sentences. Leurs décisions, surtout celles des plus illustres d'entre eux, étaient conservées et formaient à elles seules presque toute la coutume. Le Senchus Môr, par exemple, contient une partie des jugements que rendit Sancha, un *filé* célèbre.

(1) Posidonius, édition F. Didot, *Frag. hist. græc.*, p. 260 ; Strabon, IV V, 4; Ammien Marcellin, XV, 9; Diod. de Sic., V, 31.

(2) Ils le restèrent en Irlande. Chaque roi y a ses druides et ses *filé* familiers. Il y avait des familles de brehons attachées à des familles royales (Sumner-Maine, *loc. citat.*, p. 49; D'Arbois de Jubainville, *Introd. à l'ét. de la litt. celtique*, p. 218). Mais il n'en fut peut-être jamais de même en Gaule.

(3) Diod. de Sic., V, 31. En latin, *vates*.

(4) Voy. d'Arbois de Jubainville, *Introd. à la litt. cell.*, p. 282.

En Gaule, les druides jugeaient eux-mêmes, au moins dans les circonstances les plus graves. La justice n'y avait pas eu le temps de se concentrer entre les mains d'une corporation spéciale; elle était restée le fait de tout homme inspiré, barde, *vates*, ou druide (1). Il est probable qu'à l'origine les trois fonctions n'en formaient qu'une, et qu'elles furent partagées plus tard entre les membres de cette vaste association. Une hiérarchie s'établit. Les druides, maîtres du sacrifice, obtinrent le plus haut rang; au-dessous d'eux, ils instituèrent les *vates*, ou *filé*, ou brehons, enfin les bardes, simples improvisateurs, gardiens de l'inspiration primitive quant à la forme, moins initiés à la science transformée et philosophique des deux premiers ordres (2).

La légende plaçait en Bretagne, dans l'ancien pays de Galles, le lieu d'origine de cette hiérarchie sacrée (3). C'est dans ses forêts que se conservait la tradition savante et que la doctrine originaire aurait reçu un caractère particulièrement élevé et mystique.

Les druides avaient ainsi plus d'un point de ressemblance avec les collèges sacerdotaux de l'Orient, avec les mages de la Perse et les brahmanes, avec les prêtres égyptiens dont la doctrine était contenue dans le livre des Prophètes; c'est Dion Chrysostome qui fait ce rapprochement (4).

La science des druides se conservait par la tradition orale; elle était ésotérique (5): comme l'organisation druidique elle-

---

(1) Strabon, IV, ch. iv, § 4. La phrase de Strabon, commençant par Δικαιοτατοι δὲ νομιζονται, semble bien se rapporter aux bardes, aux *vates*, et aux druides nommés précédemment, et non pas aux seuls druides.

(2) Diod. de Sic., *loc. cit.*; Strabon, IV, ch. iv, § 4.

(3) Au moyen-âge, on en fit honneur à Hu le puissant. Mais ce personnage appartient à la littérature des chansons de geste, et n'a rien de druidique. C'est une importation française. — César place en Bretagne le lieu d'origine de la religion druidique. Tacite croit au contraire qu'elle a été importée de Gaule en Bretagne (*Agricolæ vita*, § 11). Il est évident que César est plus près de la vérité, et que l'importation se fit de Bretagne en Gaule. Cés., *De bel. gal.*, VI, 13.

(4) Dion, *Oratio*, 49; Pline, *H. N.* XVI, 249.

(5) Leur doctrine était renfermée dans de longs poèmes qu'ils ne confiaient pas à l'écriture, de peur que les manuscrits ne tombassent entre les mains du vulgaire. Cés., *De bel. gal.*, VI, 13.

même, elle avait été importée de la Bretagne. César dit que les druides distinguaient entre les *leges* et le *jus*. Il est bien difficile de savoir ce que César entendait par là. Le *jus* est évidemment la science juridique, perpétuée par la tradition du collège et renouvelée par la jurisprudence. Quant aux *leges*, je suis assez porté à y voir les coutumes locales nées spontanément et développées par le sens populaire, en dehors de l'enseignement druidique. Les druides s'en seraient emparés pour les soumettre à des règles scientifiques. Voilà, suivant moi, ce que devaient être les *leges* dont parle César (1). Ce serait donc commettre une erreur que de s'appuyer sur ce texte pour soutenir qu'il y avait en Gaule des lois émanant d'une autorité publique quelconque. Les quelques prescriptions concernant l'ordre public qu'on eût pu rencontrer dans certaines *civitates*, avaient, comme le reste du droit, une origine soit religieuse, soit coutumière, à moins que ce ne fussent des mesures momentanées de salut général (2).

Les druides connaissaient de presque tous les différends publics ou privés. Qu'un méfait fût commis, un meurtre perpétré, qu'un litige s'élevât sur une question d'hérédité ou de bornage, c'étaient eux qui jugeaient. A une certaine époque de l'année, ils siégeaient dans une forêt du pays des Carnutes qui passait pour être le centre de la Gaule (3). On se rendait de toutes parts à ces assises ; les plaideurs venaient exposer leurs causes et se soumettaient à la sentence ou au décret porté par les druides.

Il est bien difficile d'avoir des doutes sur le caractère de la justice qu'ils rendaient : elle était librement acceptée des parties, cela n'est guère contestable (4). En effet, nul ne pouvait contraindre son adversaire à prendre le chemin de la forêt carnutienne pour y discuter les faits litigieux. Le tribunal n'avait d'ailleurs qu'une session annuelle, probablement assez courte. On ne s'y rendait que dans les circonstances graves et quand les deux parties étaient d'accord. Autrement la solution

<hr>

(1) Cés., *De bel. gal.*, VII, 77.
(2) Cés., *De bel. gal.*, VI, 17. 20.
(3) Cés., *De bel. gal.*, VI, 13.
(4) Voyez dans la *Revue critique d'histoire et de littérature* de 1887, la polémique engagée à ce sujet entre MM. Giasson et d'Arbois de Jubainville.

des procès devait être demandée à des arbitres locaux, druides
ou autres personnages notables, ou bien encore abandonnée aux
hasards de la lutte privée. Le chef du clan, maître chez lui,
jugeait les hommes qui lui étaient soumis (1).

Outre la grande réunion annuelle au pays des Carnutes, il y
avait certainement des assemblées, à l'occasion des fêtes ou des
marchés, qui réunissaient les habitants d'un ou de plusieurs
cantons. Les litiges moins importants et réclamant une prompte
solution étaient alors tranchés par les druides présents à ces
assemblées. César dit bien que les druides jugeaient une fois
l'an au pays des Carnutes, mais il ne dit point qu'ils ne jugeaient que là (2). Leur application à écouter les plaideurs
était, au contraire, constante, et ne connaissait ni temps, ni lieu.
Nulle part on ne voit qu'un certain nombre de druides ait été
exigé pour la validité du jugement. Evidemment la chose importait peu. Qu'ils fussent un ou plusieurs, le hasard et la
volonté des parties en décidaient. La sentence avait dans les
deux cas la même valeur; aucune contrainte effective ne l'ap-
puyait, en dehors de l'excommunication que les druides pouvaient prononcer. Passé les limites du clan, on ne rencontre
d'autres juges que les druides. En fait, ils avaient acquis, en
Gaule, le monopole de la justice civile, comme de la justice
criminelle. Ils infligeaient des châtiments corporels au nom des
dieux. C'étaient les voleurs, les brigands et autres gens de même
espèce qu'ils faisaient brûler d'ordinaire dans leurs grands
mannequins d'osier, aux jours des sacrifices humains.

(1) Cés., *De bel. gal.*, VI, 11. Voir ci-dessus, p. 62.

(2) Ces fêtes de l'époque celtique avaient persisté après la conquête romaine. Seulement une divinité romaine remplaçait une divinité gauloise. Le
1er août, on célébrait, à Lugdunum, la fête d'Auguste, tandis que les Irlandais, à la même date, avaient leur fête du dieu Lug. L'assemblée annuelle
au pays des Carnutes avait son pendant, en Irlande, à Uisnech, au jour de la
fête de Belltéoé. D'Arbois de Jubainville, *Étude sur le Senchus Môr, Nouv.
Rev. hist. de dr.*, 1881, p. 198. Les Celtes irlandais avaient la coutume de
se réunir, à certains jours, dans l'enceinte du rath de leur canton. — Le
P. de la Croix a émis l'opinion que le temple, l'amphithéâtre et l'établissement thermal découverts par lui à Sanxay (Vienne) avaient jadis été un lieu
de réunion analogue, mais romanisé. — De même, en Kabylie, il y a dans
tous les marchés quelques marabouts qui sont prêts à statuer comme arbitres
sur les litiges.

« On va vers eux, dit Strabon, parce qu'on les croit très justes. On leur remet le jugement des procès tant publics que privés, en sorte qu'autrefois ils étaient arbitres des guerres et apaisaient ceux qui allaient entamer la bataille; surtout en ce qui concerne les questions de meurtre, on leur demandait de dire le droit. » Mais César généralise et étend leur compétence à toutes les questions litigieuses.

Pourtant à l'époque de la conquête, leur grande autorité morale faiblissait sur plus d'un point. La discipline de leur collège s'était relâchée. Certains druides se montraient plus occupés d'intrigues politiques que des choses de la religion et du droit. L'Eduen Divitiac, allié de César, nous apparaît plutôt comme un chef de guerre et un aventurier politique que comme un prêtre et un jurisconsulte. Les druides sont en train de perdre l'influence que la forte cohésion de leur vaste et savante corporation leur avait acquise sur les peuples. Ils ne jugent plus entre *civitates* et ne mettent plus de frein aux guerres des tribus. Il est vrai que, dans cet office, César les avait remplacés (1).

Je ne reviendrai pas sur l'organisation de la justice chez les Scandinaves. En démontrant qu'elle n'avait rien de populaire, je crois avoir prouvé qu'elle était restée longtemps aux mains d'une sorte d'aristocratie religieuse et n'était, à l'origine, qu'une justice arbitrale. Il ne pouvait en être autrement chez les sectateurs d'Odin. Ce dieu, venu de l'Orient, avait fondé une société essentiellement religieuse qu'il avait lui-même gouvernée, pendant un certain temps, avec le concours des douze Ases. La royauté d'Upsal avait un caractère tout à fait théocratique. Le roi et la noblesse, au sein de laquelle se recrutaient les prêtres, connaissaient seuls les runes et les formules mystérieuses (*malrunar*) avec lesquelles on obtenait gain de cause dans les procès (2).

Le mode de formation des castes et des collèges de prêtres, les procédés employés par ceux-ci pour s'emparer de la justice semblent avoir été les mêmes partout. Chez les Hébreux où les prêtres jouissaient à certains égards d'un grand pouvoir

---

(1) Cés., *De bel. gal.*, I, 31 ; VII, 54.
(2) Ynglinga Saga, 2. S. 24; Edda Sæmundar.

judiciaire (1), où ils étaient les maîtres de la législation renfermée dans la *Thora*, les lévites avaient commencé par être
des prêtres domestiques auxquels les grandes familles confiaient la garde de leurs *théraphim* et le soin de faire parler
l'*éphod* quand elles en avaient un (2).

En Égypte, les prêtres étaient prophètes, scribes ou chantres
au service de tel ou tel roi ou grand personnage; et pourtant
ils étaient intimement associés à l'exercice du pouvoir judiciaire.
Devant le tribunal suprême, dont le président portait au cou
une chaîne d'or à laquelle était suspendu le symbole de la vérité, on déposait le livre des Prophètes qui renfermait la loi (3).

Est-ce qu'à Athènes (4) elle-même, la cité démocratique par
excellence, avant tout débat judiciaire, on ne brûlait pas de
l'encens pendant qu'un héraut prononçait une prière, dernier
reste de l'ancien caractère religieux de toute procédure (5)?

Il est pourtant des peuples où cette intime union de la religion et de la justice aurait pu, semble-t-il, ne pas se réaliser.
Ce sont ceux où l'organisation sacerdotale fut le produit d'une
importation étrangère, comme à Rome, par exemple, comme
probablement aussi en Germanie au temps de Tacite. Il n'en
fut rien. La justice et la religion, en vertu de je ne sais quelle
puissance d'attraction, se rapprochèrent soudain, se combinèrent, et le travail d'analyse qui aurait pu être évité entre
ces deux ordres d'idées, fut nécessité comme à plaisir.

Les pontifes romains (6) furent les premiers juges, les pre-

---

(1) Deut., XVI, XVII, XVIII, XXIII.

(2) Juges, ch. XVIII et XIX. Pour les lévites distincts du sacerdoce : E.
Ledrain, *Hist. d'Israël*, I, p. 237.

(3) Diodore de Sicile, I, 47 et s., 73 et s. Ce tribunal suprême se composait de trente prêtres, dix de Memphis, dix de Thèbes, dix d'Héliopolis (On
du Nord).

(4) En Grèce, on a la trace d'un clergé subalterne, exerçant les fonctions
du culte pour les particuliers : Θύειν τὰς θυσίας se dit du sacrificateur et de
celui qui fait faire le sacrifice.

(5) Meier et Schömann, *Att. proc.*, p. 206.

(6) Les pontifes romains, loin de former une caste, n'étaient qu'un collège
de fonctionnaires, nommés à vie. Les prêtres pouvaient revêtir d'autres
fonctions purement civiles, sauf les *duumviri sacris faciundis* et le *rex sacro-
rum*. La dignité de *flamen dialis* était incompatible avec les hautes magistra-
tures, ce *flamen* ne pouvant ni monter à cheval, ni voir les centuries en
armes, ni jurer. Sa personne étant une sorte d'asile, il n'eût pu rendre de

miers jurisconsultes de leur pays. Ils constituèrent très probablement à l'origine un tribunal arbitral (1). Chaque membre du
collège pouvait être isolément pris pour juge et rendre des
sentences. En réalité, ce sont ceux qui ont créé les *legis actiones*, en réglant, en adoucissant les agissements désordonnés
de la poursuite individuelle. Pendant plusieurs siècles, ils restèrent les maîtres d'arrêter et de modifier le cours des procédures, grâce à l'ingénieux artifice avec lequel ils avaient su
le rattacher au calendrier religieux. A eux appartenait le soin
de rédiger les formules et de colliger les coutumes (2). Si leur
doctrine avait été orale comme celle des druides, ou le droit
dont ils étaient les auteurs aurait péri, ou ils auraient conservé longtemps encore les avantages de cette situation. Mais
ils eurent l'imprudence de l'écrire; ils se servaient de recueils
de formules et de livres où était indiquée la manière de fixer
les divisions du calendrier. Un certain Cnæus Flavius déroba
les précieux manuscrits à Appius Claudius Cæcus dont il était
le secrétaire, et le droit se sécularisa tout d'un coup, quant à
son application. Mais la doctrine ébauchée par les pontifes et la
procédure savante subsistèrent.

Il est fort probable que toute cette construction, si étrange
pour nous, des *legis actiones* ne fut pas inventée à Rome; elle
devait être en usage chez les peuples qui fournirent un contingent à la première population romaine. La forme du *sacramentum*, — l'action fondamentale, *generalis*, comme dit Gaius, — se
retrouve un peu partout. Nous l'avons vue représentée sur le
bouclier d'Achille; nous la constaterons relatée dans les lois
barbares, la loi des Alamans, par exemple, qui ne diffère de
l'action romaine qu'en un point : le combat, au lieu d'être
simulé, est réel, ce qui rend le pari inutile (3).

jugements. Aul.-Gell., X, 15. — Les pontifes étaient probablement nommés par les rois, qui les présidaient. Sous la République, ils se recrutèrent
par *cooptatio* jusqu'au vi[e] siècle. — Lo grand pontife nommait les flamines
et les vestales.

(1) Ihering, *Esprit du dr. rom.*, trad. franç., I, p. 300.

(2) Tite-Live, IX, 146 : *Jus civile repositum in penetralibus pontificum.* —
Val. Max., II, 5 : *Jus civile per multa sæcula inter sacras ceremoniasque deo-
rum immortalium abditum, solisque pontificibus notum fuisset.*

(3) *Adde*, L. Ripuaire, 33, où le combat n'est que simulé; voy. plus loin,
p. 118. — Conf. L. Sal. 47.

Tous les hommes de loi, si je puis m'exprimer ainsi, avaient,
dans la Rome primitive, un caractère sacerdotal. Les *agrimen-
sores* et le *libripens* procédaient d'après des rites étrusques.
Rome a emprunté son droit, comme sa religion, comme sa littérature et son organisation militaire. L'éclectisme est par excellence la méthode romaine. A Rome, il n'y a d'original que
la façon merveilleuse dont son peuple sait tirer profit des in-
ventions des autres. Montesquieu a expliqué, dans un des
chapitres de son livre : *Considérations sur la grandeur et la
décadence des Romains*, l'empressement que les Romains mettaient à changer leurs armes pour celles du peuple ennemi dès
qu'ils reconnaissaient la supériorité de celles-ci. Ils agissaient
de même en toutes choses. Ce peuple, si conservateur, ne l'é-
tait que dans la mesure où une nation doit l'être pour assurer
la perpétuité de son existence.

Il paraît que le même caractère religieux se remarque dans
les divisions essentielles du droit. La distinction entre *res* et
persona aurait été d'abord une distinction théologique, s'ap-
pliquant à la nature des dieux, ou plutôt aux diverses manières
d'envisager les manifestations de la puissance divine, que les
Romains désignaient un peu vaguement sous le nom de *Nu-
men* (1). Quoi qu'il en soit, les écrivains et les jurisconsultes de
l'ancienne Rome ont toujours considéré le droit pontifical
comme la source de leur droit civil, comme un ensemble dont
celui-ci avait été détaché. Cicéron se plaisait à noter les points
de contact entre ces deux droits et l'influence, encore très visible
de son temps, du premier sur le second (2).

Si les Romains ont emprunté leur organisation religieuse
et probablement leur organisation judiciaire aux peuples voisins, surtout à l'Étrurie, les Germains semblent bien avoir
mis à contribution le génie peut-être plus actif et plus créateur
des Scandinaves. Ils n'avaient pas de prêtres au temps de César, ils en ont à celui de Tacite (3). Ces prêtres ont même un

(1) Ihering, *Esprit du droit romain*, III, p. 80 et s., trad. franç. *Adde* Bréal,
L'origine des mots désignant le droit et la loi en latin, Nouv. Rev. hist. de dr.,
1883, p. 602, pour le sens des mots *fas, jus* et *lex.*

(2) Tite-Live, IX, 46; XXII, 5. 7. L. 2, § 6, Dig., *De orig. juris.* Val.
Maxime, II, 5, § 2; Cic., *De leg.*, II. § 19.

(3) Cés., *De bel. gall.*, VI, 23. Voy. Waitz, *Deutsche Verfassungsgeschichte*, I,
p. 150; Strab., VII. 14.

rôle si important qu'on ne peut croire à une éclosion spontanée et à un développement si rapide de l'esprit sacerdotal dans les tribus germaines. Il est probable que, chez elles, comme chez les Celtes du continent, la forme la plus haute du culte fut le produit d'une importation étrangère. La ressemblance entre la religion scandinave et celle des Germains et le parallélisme des deux panthéons invitent à admettre cette opinion.

Nous n'avons pourtant aucun texte qui nous donne sur ce clergé germain des détails bien circonstanciés. Nulle part, on ne nous parle de lui comme jouant un rôle arbitral dans les procès entre les particuliers. Son rôle judiciaire se borne, dans Tacite, à diriger les décisions de l'assemblée générale; or, j'ai déjà expliqué que cette assemblée n'avait à se prononcer que sur quelques crimes politiques, mettant en péril la communauté tout entière. Dans ce cas, les prêtres seuls ont le droit d'autoriser les châtiments corporels, et ils le font, nous dit Tacite, afin que les châtiments paraissent venir, non des hommes, mais du dieu qui préside aux batailles. Le *concilium* a besoin de se couvrir de l'autorité du dieu pour faire accepter les sentences qui sont rendues dans son sein : voilà une singulière justice populaire ! Elle ne peut agir sans l'autorisation des prêtres, et ceux-ci l'autorisent au nom du dieu des batailles (1).

II. — Nous venons de constater que partout les castes et les collèges de prêtres avaient procédé, dès leur constitution, à une mainmise sur la justice et sur tout ce qui s'y rattachait. J'ajoute qu'ils y furent poussés par un ensemble de circonstances auxquelles il ne leur était guère possible d'échapper, que le rôle de juges leur fut souvent imposé par la force des choses, qu'en tous les cas leur mission fut consacrée par la libre acceptation des plaideurs et le suffrage de l'opinion.

Le genre de vie de leurs membres, leur culture d'esprit plus relevée, l'influence que leur donnait déjà la religion, l'habitude de s'adresser pour résoudre les litiges à des hommes

---

(1) Peut-être même si l'on s'en tenait rigoureusement au texte, faudrait-il dire que les prêtres seuls jugent et appliquent les peines, comme en Gaule : *Ceterum, neque animadvertere, neque vincire, ne verberare quidem, nisi sacerdotibus permissum, non quasi in pœnam nec ducis jussu, sed velut deo imperante, quem adesse bellantibus credunt,* Tac., *Germ.*, 7. — *Adde* Ritterling, *Das Priesterthum bei den Germanen* dans *Historisches Taschenbuch*, 1888.

inspirés, l'absence de différenciation entre les divers ordres
de la pensée et de l'activité humaines, les servirent merveilleusement. Les clergés ont toujours fait preuve d'une singulière capacité d'organisation. Dans l'anarchie de la justice
privée, leur premier soin fut de mettre un peu d'ordre, en
imposant aux parties qui invoquaient leur arbitrage, l'obligation de se conformer à certains rythmes qui n'étaient que la
pantomime expressive des actes brutaux auxquels se livrait
l'initiative individuelle dans la poursuite du droit. En adop-
tant une forme symbolique, déterminée une fois pour toutes,
ils contraignirent les parties à se modérer, à réfléchir, et leur
donnèrent le temps de recouvrer le calme nécessaire à la dis-
cussion. Comme on sentait qu'ils étaient utiles, on accepta
tout ce qu'ils voulurent. On finit, sur bien des points, par les
considérer comme les juges ordinaires. Leur juridiction gracieuse se confondit avec leur caractère sacerdotal. Eux-mêmes
en vinrent à ne plus distinguer. Ils s'arrogèrent le monopole
de certaines causes et imaginèrent une véritable science du
droit, mystérieuse dans ses formules et dans son symbolisme,
inconnue du vulgaire et de plus en plus rattachée à la religion.

Les règles procédurales se mêlent, dans leurs recueils, aux
prescriptions rituelles ; elles font partie du culte (1). Pour s'en
servir, il faut être un initié. Les prêtres ont désormais une
mainmise sur la justice ; et, comme à cette époque, légiférer
et juger sont une seule et même chose, ils deviennent les premiers législateurs des peuples. Le droit fit partie de la science
encyclopédique qu'ils prétendaient enseigner. J'ai déjà dit ce
qu'étaient les premiers codes de l'humanité. La grande inno-
vation consista, de la part des sacerdoces, à faire croire au
peuple que ces produits juridiques sortis de son sein, imposés
par l'instinct ou la nécessité, n'étaient autre chose que la loi
révélée des dieux.

Remarquez qu'il n'y avait là de la part des divers sacerdoces aucune mauvaise foi. Premiers hommes de la pensée

(1) Dans le Deutéronome, la loi considère tous les crimes comme des péchés contre Dieu. Dans les lois de Manou, le châtiment infligé par le Roi
ou le tribunal des brahmanes purifie le coupable en vue de la vie future (L.
VIII, *sloc.* 318).

et de la réflexion, les prêtres antiques s'étonnaient eux-mêmes; ils ne pouvaient se croire les créateurs de ce monde nouveau d'idées qu'ils sentaient s'éveiller en eux. Ils imaginèrent une divinité se servant de leur bouche pour révéler la science aux hommes.

Nulle part, les premières lois ne furent l'œuvre d'un législateur parlant au nom de l'Etat. Longtemps, l'Etat ne fut qu'une agrégation au sein de laquelle l'idée de souveraineté, telle que nous l'entendons, n'existait pas. L'individu était le sujet passif du droit; en lui résidait aussi le droit actif.

Les corporations sacerdotales eurent, bien longtemps avant l'Etat, une organisation sérieuse. Seules elles purent, à une certaine époque, mettre de l'ordre dans l'anarchie universelle. Il fut donc naturel que la religion considérât comme lui appartenant en propre tout ce qui regardait les rapports juridiques des hommes de ces temps-là.

Insensiblement, l'action sacerdotale devint plus complète. Sur certains points, la prescription, en l'élevant à la hauteur d'une institution sociale essentielle, contribua à la rendre exclusive.

D'abord, l'avènement d'une procédure régulière n'avait pas apporté un changement bien profond sur la force intrinsèque des jugements. La sentence n'était susceptible d'aucune exécution forcée. On avait le choix, ou de s'y soumettre, ou de se lancer à nouveau dans l'inconnu de la lutte privée. L'intérêt qu'on avait à l'exécuter était sa plus grande force. La décision du juge, comme la coutume elle-même, n'avait d'autre sanction que l'opinion et la poursuite individuelle. Tel était le caractère de cette justice sacerdotale dans les vieux temps de l'Inde et de l'Égypte, lorsque l'alliance entre le sacerdoce et la royauté n'était pas encore un fait accompli, tel il se retrouve chez les Gaulois, les Irlandais et les Romains. On ne voit pas, dans la Bible, qu'aucune contrainte puisse être imaginée aux jugements d'Eli, de Samuel ou de Débora.

III. — La sanction qui manquait, les tribunaux ecclésiastiques ne tardèrent pas à la trouver. La religion la leur fournit : ce fut l'excommunication, ou bien encore l'imprécation.

Toutes les religions sérieuses se sont reconnu le droit de rejeter de leur communion les membres indignes, les fidèles qui prennent vis-à-vis de l'autorité religieuse établie des airs trop frondeurs. C'est la seule sanction qui leur appartienne, mais elle est essentiellement raisonnable. Il y aurait mauvaise grâce à la leur refuser. Le droit étant confondu avec la religion, étant considéré comme une des branches de la morale que la religion prétendait régir, il vint tout naturellement à l'esprit des prêtres de le protéger par le seul moyen de contrainte dont ils disposaient.

En Grèce, à Rome (1), l'*interdictio aquæ et ignis* sanctionna les violations les plus graves du droit pontifical; elle était la sanction naturelle du *fas*. Mais les prêtres et les pontifes n'hésitaient pas à prononcer des peines analogues pour fortifier les sentences arbitrales qu'ils rendaient. Sans doute, cela ne fut pas maintenu dans le droit civil, le *jus* s'étant distingué du *fas* d'assez bonne heure; mais il n'en fut pas ainsi du droit criminel qui resta fort longtemps sous la haute police des pontifes (2). Aussi, l'*interdictio aquæ et ignis* devint-elle une des pénalités les plus redoutables du droit criminel romain. Son origine était pourtant purement religieuse. Elle était l'interdiction du contact avec le feu sacré du foyer, image de la pureté du cœur, et de l'eau lustrale du sacrifice.

La religion antique était locale, elle était attachée au sol; à l'encontre de la juridiction ecclésiastique du moyen-âge, on pouvait dire d'elle qu'elle avait un territoire. L'*interdictio* se confondait avec l'exil. L'exil et la confiscation, telles furent ses conséquences dans le droit romain ultérieur. L'*interdictus* antique devait aussi s'enfuir loin de son foyer : « Qu'il fuie et « n'approche plus jamais des temples. Que nul ne lui parle, « que nul ne le reçoive; que nul ne fasse devant lui la prière, « ni le sacrifice; que nul ne lui présente l'eau lustrale. » C'était un banni, un être impur avec lequel toute relation devait cesser (3).

<hr>

(1) Festus, p. 2 : *Aqua et igni tam interdici solet damnatis, quam accipiuntur nuptæ, videlicet quia hæ duæ res humanam vitam maxime continent. Itaque funus prosecuti redeuntes ignem supergradiebantur aqua aspersi; quod purgationis genus vocabant sufficionem. — Adde* Gaius, I, 128.

(2) *Sacrum commissum quod neque expiari potuerit, impie commissum est quod expiari poterit, publici sacerdotes expianto.* Cic., *De leg.*, II, 9.

(3) Voy. Hérodote, VII, 231; Sophocle, *OEdipe roi*, V, 2. 37.; Platon, *Lois*, IX. Conf. Horace, *Sat.* II, 3, v. 187.

César signale l'énergie de cette sanction religieuse chez les peuples de la Gaule (1). Si un particulier ou même un homme public ne se soumettait pas à la sentence des druides, ceux-ci lui interdisaient les sacrifices. Il était alors compté parmi les scélérats et les impies. Tous se retiraient de lui, fuyaient son contact et ses entretiens de peur de se souiller en l'approchant. On ne lui devait plus aucun honneur; il n'y avait plus de droit pour lui.

Les druides, les *vates* et les bardes avaient en outre le pouvoir d'attirer les plus grands malheurs sur ceux qu'ils maudissaient (2). J'ai déjà noté, au passage, cette source nouvelle d'autorité et d'influence. On évitait de s'attirer leur colère. Les *filé*, par exemple, prétendaient avoir le don de faire mourir les personnes auxquelles ils pinçaient l'oreille. Or, ils utilisaient toutes ces superstitions dans l'intérêt du respect de leurs décisions. Il existait donc une sanction uniforme, ou à peu près, pour tous les cas : religieuse, puisque c'était la divinité qui devenait l'exécutrice des sentences des juges; terrible, puisqu'elle ne tendait à rien moins qu'à retrancher le coupable de la communion religieuse, par l'excommunication, ou même à lui enlever la vie par une sorte d'enchantement.

Le chef de la famille patriarcale ou les *gentiles* avaient jadis expulsé et expulsaient encore le membre d'une famille qui la souillait de sa présence ou devenait pour elle un danger; les premiers juges qui procédèrent d'après des règles fixes étant des prêtres, ils expulsèrent le plaideur insoumis de la communion des fidèles et du territoire qu'elle occupait. La première autorité publique, s'alliant à la religion, lui emprunta son unique sanction ou, n'en trouvant pas d'autre, en inventa une identique, la mise hors la loi, qui était l'excommunication civile.

Dans les lois barbares, aux ve et vi^e siècles de notre ère,

(1) Les Germains de Tacite connaissaient aussi l'excommunication : *nec aut sacris adesse, aut concilium inire, ignominioso fas...* (Germ., 6). — Voy. Wilda, *Das Strafrecht der Germanen*, p. 268 et 285, pour les Scandinaves.

(2) Voy. d'Arbois de Jubainville, *Intr. à l'ét. de la littér. celt.*, p. 278.

Par contre, le jugement inique avait pour conséquence une éruption de boutons sur la figure du *filé* qui l'avait rendu, ou d'autres signes corporels (*Ibidem*, p. 273. Pour l'excommunication, *Anc. laws of Ireland*, I, p. 113; II, p. 61.

l'autorité naissante se propose, comme les divers sacerdoces, d'apaiser les haines, de procurer l'ordre, la sécurité pour les biens et pour les personnes. A la place de la justice individuelle, elle tend à faire prédominer l'accord pacifique, la transaction; elle s'offre comme médiatrice entre les hommes qu'elle doit protéger, entre lesquels elle se fait un devoir de maintenir ce que de vieux textes appellent la paix du roi. Si quelque plaideur trop belliqueux ne veut pas respecter la règle établie pour faire régner cette paix, on n'a aucun moyen de l'y contraindre; mais le roi, c'est-à-dire la puissance publique à l'état embryonnaire, le roi ne le protégera plus. Il sera pour tous un ennemi. On le repousse du sein de la tribu, *wargus sit!* Quiconque le rencontrera pourra le tuer sans crainte. Tout rapport est interdit avec lui. Il n'a plus ni maison, ni femme, ni famille; il ne peut se reposer que deux nuits sous le même toit. On ne doit lui fournir ni lit, ni nourriture, il ne boit que de l'eau (1).

Les lois barbares qui ont un caractère essentiellement laïque, au moins la loi Salique, édictent des règles en tout semblables à celles qu'avaient imaginées les pontifes romains et les druides, et qu'héritèrent de ceux-ci les juridictions organisées de bonne heure par le clergé chrétien.

IV.

La coutume procédurale et la technique du droit ecclésiastique. — Leur combinaison.

J'ai l'intention de montrer ici par quelques exemples quels furent les procédés employés par les hommes antiques pour restreindre l'usage de la force et de rechercher pour quelle part la coutume procédurale spontanée entra dans la technique du droit ecclésiastique.

(1) L. Sal., t. LVI; Édit de Chilpéric, ch. 10; L. Alam., *Karol. Leg.*, III, 144, d'après un manuscrit cité par Sohm. V. Waitz, *loc. cit.*, I, p. 398; Bannissement: L. Rib., 85. 2; L. Rom. Burg., XVIII, 5.

I. — Comme exemples de cette coutume restés purs de tout élément se rattachant à une jurisprudence quelconque, je prendrai la recherche de l'objet volé et la constatation d'adultère.

A) 1° L'habitude s'établit de se venger de certains délits d'une façon déterminée et dans une mesure que l'opinion publique sanctionnait de son approbation; c'est ainsi que se forma la première coutume procédurale. Il ne lui fut pas nécessaire d'être proclamée par une autorité publique. Si celle-ci était intervenue, elle aurait fait une loi toute différente de cette coutume; mais ce fut le contraire qui arriva. La loi trouva la coutume établie; elle fut obligée de la subir et de se confondre avec elle.

Les XII Tables nous offrent, à propos du *furtum*, un exemple de la coutume primitive passant tout entière dans la loi écrite.

La coutume avait distingué entre le voleur de nuit qui pouvait être tué sur le lieu du délit, et le voleur de jour qu'il était plus raisonnable de ne tuer qu'en cas d'attaque à main armée; la loi fit de même. Par la force des choses, on avait été amené à agir différemment suivant que le vol était, ou non, manifeste. Dans le premier cas, l'opinion admettait une sévère correction pour l'impubère voleur; la loi ordonna la flagellation. L'homme libre était traité comme un débiteur insolvable. S'il ne pouvait payer la composition, on le réduisait en esclavage; la loi déclare qu'il sera *adjudicatus*, c'est-à-dire remis à la victime du vol qui, n'ayant pas reçu satisfaction au bout d'un certain temps, pourra le vendre comme esclave.

Mais voici ce que la loi n'aurait jamais inventé (1). Le vol n'est pas manifeste : il s'agit de rechercher l'objet volé. Celui qui poursuit cette recherche doit être nu, ne portant qu'une ceinture autour des reins et, à la main, un plat. Suivi d'un certain nombre de personnes qui lui servent de témoins, et, à l'occasion, lui prêteront main forte (2), il se présente chez le voleur présumé pour s'y livrer à une perquisition; si l'enquête faite dans ces conditions aboutit, le vol est tenu pour manifeste.

(1) Gaius, III, 189, seqq.; Aulu-Gelle, XI, ch. 18; Paul Diacre, v° *Lance*.
(2) Macrobe, *Saturnales*, I, ch. 6; Théophile, *Institutes*, § 4, III, 1.

La personne soumise à la perquisition s'y est d'abord refusée; elle a prétexté qu'on pouvait introduire l'objet volé en pénétrant dans la maison; alors le demandeur s'est dépouillé de ses vêtements (1). Le défendeur a ensuite invoqué la sainteté du foyer dont l'étranger doit se tenir écarté; le demandeur a pris un vase pour faire les libations au foyer et aux dieux lares dont il venait visiter la demeure (2). Le propriétaire n'a plus de bonnes raisons à faire valoir; mais pour le punir de ses exigences, s'il est trouvé coupable, il sera traité comme le voleur manifeste. Ce genre de recherche, répété souvent dans les mêmes circonstances, finit par être considéré comme sacramentel; on l'exigea et on l'accorda alors même qu'il n'avait pas sa raison d'être, lorsque, par exemple, l'objet volé, trop volumineux, ne pouvait être caché dans les vêtements de l'enquêteur; on y vit une manière de rendre plus complète la répression.

La preuve évidente que la loi des XII Tables n'a pas inventé la recherche *lance licioque*, c'est qu'elle n'était pas exclusivement une institution romaine ni même italienne, qu'elle se pratiquait en Grèce, qu'elle est mentionnée dans les lois de Platon (3) et qu'Aristophane y fait allusion dans sa comédie des Nuées.

2° Les lois barbares distinguent aussi entre le vol manifeste et le vol non manifeste.

En cas de flagrant délit (4), le propriétaire dépouillé peut se saisir du coupable et procéder à une *ligatio* (5), mais il doit conduire le voleur devant le juge. Comme il s'agit surtout de vols d'animaux, la victime du délit poursuit le voleur et l'objet volé à la trace; on l'appelle, dans les textes, le *vestigium minans*. Il est accompagné, dans cette recherche, d'une *trustis*, c'est-à-dire d'un certain nombre d'hommes (30 ordi-

---

(1) Voigt, *Die XII Tafeln,* II, p. 548, pense que le demandeur ne se dénudait que si le maître de la maison l'exigeait.

(2) Conf. Leist, *Græco-italische Rechtsgeschichte,* p. 247.

(3) *Lois,* XII, § 7. — Conf. Genèse, XXXI, v. 17 et s.

(4) L. Sal., 37; L. Rip., 41. 1. 47.

(5) Cette *ligatio* se retrouve dans nombre de textes, par exemple : L. Sal., 32; L. Rip., 42. 77; *Pactus pro tenore pacis Childeberti et Chlotharii,* 2. — De Rozière, n⁰ˢ 491, 492, etc.

nairement) de sa centaine. Dans certains textes, on voit l'autorité naissante chercher à s'immiscer dans la poursuite des délits ; c'est alors le *thunginus* qui se met à la tête de la *trustis*. On assimile au flagrant délit le vol à la suite duquel l'objet a été découvert dans les trois jours par le *vestigium minans*, soit que le voleur ait été saisi nanti de l'objet, soit que la découverte résulte d'une perquisition domiciliaire. On ne voit pas que le demandeur soit obligé de se munir d'objets symboliques, ni de transformer son vêtement.

Le propriétaire se remet lui-même en possession de l'objet volé, *liceat ei absque intertiato revocare*. Le juge n'a pas à intervenir. Telle est, du moins, la loi des Ripuaires. Mais la loi Salique exige une formalité avant la reprise de l'objet. Elle oblige le poursuivant à *per tercia manu agramire*, c'est-à-dire, je crois, à affirmer solennellement avec deux cojureurs que l'objet est sien. Ce serment est probablement prêté en présence des membres de la *trustis*. Jadis, le volé pouvait se venger sur le criminel et le traiter à sa volonté, s'il était le plus fort ; peut-être, au cas contraire, la *trustis* lui prêtait-elle aide et secours. D'après les lois, il doit le conduire devant un tribunal.

Les rois portaient de temps à autre des peines corporelles contre les voleurs ; en tout cas, les comtes se croyaient autorisés à en prononcer d'arbitraires. Il y avait lieu à une action *ex delicto ;* les textes ne nous permettent pas de dire au juste à quoi elle aboutissait : peut-être, la victime du délit recevait-elle des dommages-intérêts. Si le voleur refusait de se laisser conduire devant le juge et opposait la violence, le vieux droit du *vestigium minans* reparaissait ; il pouvait tuer le voleur, sauf à jurer qu'il y avait été contraint. Une remarquable conséquence de cette procédure, c'est que le voleur, vrai ou faux, surpris en flagrant délit ou trouvé nanti de l'objet dans les trois jours, n'avait pas le droit de se défendre devant le juge. Par le fait même, on le considérait comme coupable, et la condamnation était prononcée. Ce droit, assez singulier, subsista pendant la plus grande partie du moyen-âge. Ajoutons que si l'objet volé n'était pas découvert au cours de la perquisition domiciliaire, le *vestigium minans* payait une amende (1). Les

______

(1) L. Bavar., X, 2. 1.

innocents soumis à l'enquête se prêtaient facilement à celle-ci. Ils y gagnaient toujours le montant de l'amende.

S'il n'y a pas flagrant délit, le volé qui retrouve sa chose, pratique une saisie qu'il rend publique en entourant l'objet d'une sorte de fil d'osier (1). Il est probable qu'anciennement la chose était confiée à un tiers; cette pratique s'est même conservée dans certaines lois, dans la loi Salique et la loi des Burgondes, par exemple (2). Dans d'autres, comme la loi Ripuaire, il semble qu'on laissât le défendeur en possession de l'objet volé jusqu'à l'issue du procès; en effet, si l'animal meurt au cours du procès, on voit que c'est lui qui se trouve en possession de la peau; et c'est lui qui doit la valeur de l'objet si celui-ci est volé (3). Une des conséquences du formalisme primitif et de l'origine de cette procédure barbare consiste en ce que le défendeur doit proposer ses moyens de défense sur-le-champ, au moment même de la saisie. A l'affirmation du demandeur, il répond par une affirmation précise et définitive. Lors du règne de la pure justice privée, il n'en pouvait être autrement. Les lois adoucissent, modèrent, réglementent cette justice, mais la copient. Le législateur, ou plutôt la coutume et le temps émoussent les glaives dans la main des plaideurs, mais les y laissent. Les plaideurs affirment leurs prétentions en les appuyant d'un serment, leurs mains droites sont armées, et leurs mains gauches tiennent l'objet litigieux (4). La loi des Ripuaires qui parle ainsi est postérieure à d'autres lois qui se taisent sur ce combat simulé. Il est probable qu'il faut suppléer à leur silence. On ne peut croire que cette procédure ait été inventée par les rédacteurs de la *lex Ribuaria*, ni qu'elle ait été spéciale à une tribu franque. Elle est le résultat d'une coutume qui s'adoucit. Elle ne se passe pas devant le juge, et n'est point une pantomime imposée par lui. Volontairement les plaideurs se soumettaient à cette procédure symbolique,

(1) L. Sal., 47, *De filtortis.*

(2) C'est ainsi que j'explique ces mots : *mittere in tertiam manum.* Les commentateurs les traduisent de bien des manières différentes. Certains leur donnent le sens de « appeler son auteur en garantie. » L. Sal., 47 ; L. Burg., 82.

(3) L. Ripuaire, 72. 6 et 8.

(4) L. Ripuaire, 33. Conf. L. Sal., 47.

qu'ils n'admettaient pas, du reste, pour toutes sortes de litiges. Nous verrons que, dans certains cas, le combat, bien que se passant en présence du comte, était réel et sanglant (1).

3° Les Sagas connaissent aussi la perquisition domiciliaire et identifient le délit, en cas de résultat, au vol manifeste. Le propriétaire qui refusait de laisser l'enquête suivre son cours, après la paix jurée par le demandeur, voyait aussitôt celui-ci constituer un tribunal, composé de six hommes, qui se réunissait sur le seuil de sa porte. A cause de cette particularité, on l'appelait le tribunal de la porte. Ses membres n'étaient investis d'aucune autorité publique; c'étaient des voisins de bonne volonté. Sur les explications fournies par la victime du vol, ils déclaraient le propriétaire récalcitrant coupable ou non coupable. Cette sentence n'avait d'autre effet que de faire connaître à tous que la vengeance, la poursuite individuelle, était désormais légitime contre l'individu déclaré coupable. L'*Eyrbyggia saga* nous offre un exemple de cette procédure sommaire. On y retrouve cette idée, déjà signalée, que la justice privée recherchait elle-même la publicité, qu'elle éprouvait le besoin de se distinguer par là de la violence pure, du brigandage ou du crime.

Dans la loi de Westrogothie, le vol manifeste est puni par la pendaison (2). On lui assimile toujours le cas où l'objet volé est recherché par une procédure solennelle, analogue à la poursuite *lance licioque* du droit romain. Celui qui fait cette perquisition et celui qui la subit sont sans manteau, la ceinture dénouée, les pieds nus et le pantalon lié aux genoux; et, en Westrogothie comme chez les Germains, le possesseur de l'objet trouvé à la suite d'une enquête de ce genre n'est point admis à prouver qu'il n'est pas le voleur.

Le résultat était donc pour lui tout aussi brutal qu'au temps où la justice privée ne connaissait aucun obstacle. Cette première procédure n'avait pas pour but essentiel la justice. Elle tendait surtout à démontrer la loyauté du demandeur. Par la

---

(1) Cela prouve que les adoucissements, apportés aux violences de la première forme, ont été, pour le moins, autant le résultat d'un changement dans les mœurs que celui de l'intervention de l'autorité supérieure.

(2) Trad. Beauchet, *loc. cit.*, XII, 2. 3.

publicité, il cherchait à mettre de son côté le bon droit ou tout au moins l'opinion. Pour établir la coutume du tribunal de la porte, besoin n'était ni d'une puissance publique, ni d'une technique de prudents.

Ce qui caractérise cette procédure spontanée, c'est que les moyens qu'elle emploie, bien que fort originaux, sont peu nombreux et presque toujours insuffisants à atteindre le but cherché. En Grèce, à Rome, on pouvait toujours se refuser à laisser procéder à l'enquête, même *lance licioque;* en Islande et en Westrogothie, se moquer de la décision du tribunal de la porte, surtout lorsqu'on était le plus fort. La chose est si vraie que, lorsqu'il y eut une puissance publique organisée, elle chercha à combler la lacune. Le préteur romain inventa l'*actio furti prohibiti* donnée au quadruple contre celui qui empêcherait la recherche de l'objet volé (1).

Le serment purgatoire, à une certaine époque, pouvait arrêter l'enquête. Le demandeur se contentait de cette prise a témoin de la divinité et s'éloignait. Mais, ainsi que je l'ai déjà dit, il y avait des hommes habiles, dans l'art de confectionner des serments à double sens, et à propos du vol et de la recherche *lance licioque,* Macrobe nous en donne un exemple fort réjouissant (2).

B) 1° Je ne m'occuperai pas ici de la femme adultère. J'ai déjà dit comment les Hébreux la lapidaient devant la porte de son père. On retrouve quelque chose d'analogue en Allemagne à l'entrée du moyen-âge. Mais, en général, le châtiment de la femme coupable est chose qui regarde la famille seule; le père, le mari, jugent entourés d'un *concilium.* Je veux appeler particulièrement l'attention sur le châtiment réservé au complice. Originairement, le mari peut le tuer : la vengeance privée suit son libre cours. On admit cela fort longtemps, je crois même qu'on l'admet encore dans la jurisprudence crimi-

---

(1) Gaius, III, 192; ajoutons l'action *furti non exhibiti* contre le recéleur qui n'a pas voulu présenter la chose et chez qui elle a été recherchée et découverte par ce moyen. Inst., § 4, IV, 1. — En Grèce, celui qui est empêché de faire la perquisition par le possesseur de l'immeuble, le cite en justice, et, s'il le convainc de vol, le fait condamner au double. Platon, *Lois,* XII, 7.

(2) Voy. dans les *Mélanges* de M. Esmein, p. 133, *La poursuite du vol et le serment purgatoire.*

nelle de notre temps, si l'on peut donner le nom de jurisprudence à l'ensemble des verdicts de notre jury français. Mais cela était vraiment trop barbare. On préféra accepter la composition que le coupable offrait. Voici la procédure coutumière usitée en Grèce en pareille occurrence. Elle nous est racontée tout au long par Homère, dans son *Odyssée*, à propos d'une des histoires qui durent amuser le plus les dieux et les hommes de cette époque (1).

Héphaistos, informé par Hélios, des entrevues qu'Aphroditè accorde, dans son propre palais, au dieu Arès, fabrique et place dans la chambre des amants un filet si subtil qu'il échappe à leur vue, et si habilement agencé qu'il les enlace en se resserrant de lui-même dès qu'ils ont pris place sur le lit d'Aphroditè. Héphaistos, qui a simulé un voyage à Lemnos, revient, prévenu de nouveau par Hélios de la réussite de son stratagème. Il appelle alors tous les dieux comme témoins du flagrant délit; ceux-ci accourent, mais la pudeur retient chez elles les déesses. En apercevant les amants ainsi ligottés, ils furent pris, nous dit Homère, d'un rire inextinguible. Aujourd'hui, on aurait ri surtout d'Héphaistos, mais, en ce temps-là, il n'en fut rien. Héphaistos avait le beau rôle : il allait toucher une forte somme. D'abord il réclame de Zeus les ἕεδνα qu'il avait jadis donnés à ce dieu pour l'hymen de son inconstante fille ; ensuite, les dieux conviennent qu'Arès lui doit l'amende de l'adultère. Poseidon se porte caution pour le dieu de la guerre, en qui Héphaistos semble n'avoir qu'une médiocre confiance. A ces conditions, les deux coupables sont remis en liberté.

Eh bien! ce qui se passait ainsi chez les dieux arrivait assez fréquemment chez les hommes. La même procédure était admise sur la terre, comme au ciel et aux enfers. Le mari trompé liait le complice jusqu'à ce qu'il eût obtenu une forte composition, à défaut de laquelle il était libre d'exercer sa vengeance. C'est cette procédure que réglementent les lois de Gortyne et d'Athènes (2).

2° La même pratique semble avoir régné en Italie. « Le mari pouvait enchaîner, avec l'aide des siens, l'adultère sur-

(1) *Odys.*, VIII.

(2) Élien, *Hist. var.*, XII, 12; R. Dareste, *Nouv. Rev. hist. de droit,* 1887, p. 251 : Loi de Gortyne; Leist, *Gr.-ital. Rechtsg.*, p. 300.

pris et le retenir prisonnier jusqu'à ce qu'il se fût racheté.
Mais il devait faire constater sa capture par des témoins (1). »
La loi Julia elle-même permettait au mari de faire subir au
coupable un emprisonnement de vingt heures, *testandæ hujus
rei causa* (2).

Dans les lois barbares, la composition est encore le seul
mode de réprimer l'adultère à côté de la vengeance privée, du
moins en général (3).

3° La Genèse (4) nous montre des mœurs à peu près semblables chez les Hébreux nomades. Les vieux patriarches,
Abraham, Isaac, avaient coutume de faire passer leurs femmes
pour leurs sœurs afin que la beauté de ces dernières ne leur
attirât aucun malheur. Comme sœur d'Abraham, Sarah fut
courtisée deux fois, d'abord en Égypte, par le Pharaon; plus
tard, en Syrie, par Abimelech, roi de Djérar, chez lequel il
ne tint pas à Isaac que Rebecca n'eût la même aventure. Sans
doute, l'adultère était inconscient; mais aux yeux des Elohim,
peu importait l'intention; le crime résidait dans l'acte matériel.
L'adultère, même non intentionnel, entraînait par lui-même
son châtiment. Le Pharaon et sa maison furent frappés de
plaies épouvantables à cause de Sarah, la femme d'Abraham,
et Abimelech vit tout son harem frappé de stérilité. Le coupable involontaire fut obligé de se racheter au prix d'im-
menses présents, en brebis, en bœufs, en esclaves. En outre,
le roi de Djérar donna mille mesures d'argent à Abraham
et, en réparation, un voile pour les yeux à Sarah. A ces conditions Abraham obtint des Elohim la guérison d'Abimelech
et de ses femmes. On voit que dans les mœurs primitives
des tribus patriarcales, on se rachetait de l'adultère par une
rançon payée au mari. Cette rançon est ici le rachat de la
vengeance que l'allié divin d'Abraham inflige à leurs ennemis
communs. Elle est due, bien que le mari soit ici le seul moralement coupable. Dans le vieux droit, la morale n'avait rien
à faire.

(1) Esmein, *Mélanges,* p. 82.
(2) L. 26, pr., 5, D. XLVIII, 5.
(3) Rotharis, 213 ; L. Burg. Gund. 36, 1 ; L. Fris., V, 1 ; L. Rip., 77 ; L.
Bav., VII, 2.
(4) Ch. XIII, v. 11 seqq.; XX; XXVI, v. 7-11.

II. — J'ai eu déjà l'occasion de constater que les prêtres avaient fait leur profit des coutumes locales résultant de la forme que s'était spontanément imposée la poursuite individuelle et qu'ils les avaient fait entrer dans l'ensemble de leur technique du droit. Nous allons voir comment se combinèrent ces deux éléments pour un certain nombre d'institutions procédurales.

A) Un des exemples les plus remarquables de ce procédé nous est offert par la vieille procédure de saisie qu'on rencontre dans l'Inde, en Grèce, en Germanie, en Irlande, à Rome où elle a produit la *pignoris capio* et la *manus injectio*, et partout.

Je joins la *manus injectio* à la *pignoris capio*, car celle-là n'est qu'une sorte de saisie ayant pour objet le débiteur lui-même ou peut-être quelqu'un des siens. L'une et l'autre ne sont plus dans le droit romain que nous connaissons que des modes d'exécution, mais à l'origine elles avaient eu une utilité différente ; en Italie, comme dans l'Inde, en Irlande et même chez les Hébreux, le but qu'on cherchait à atteindre par la saisie du débiteur ou de ses biens était le paiement de l'obligation, ou la compensation de ce paiement en cas d'insolvabilité ou de mauvaise volonté du débiteur.

Mais si l'on réfléchit que les premiers jugements n'emportaient pas exécution forcée, que le soin de celle-ci était abandonné à la partie gagnante, on comprend que la saisie corporelle reparaisse après la sentence qui n'a pu, en définitive, qu'en constater la légitimité. Il est vrai que, ni dans un cas, ni dans l'autre, ce que nous venons de dire ne justifie le rang que la *manus injectio* et la *pignoris capio* occupent dans la classification des *legis actiones*.

Ici se place, suivant moi, une adaptation pontificale de ces deux procédés violents à la nouvelle procédure rythmée et technique. Supposez que le demandeur appelle le défendeur devant l'arbitre, et que celui-ci, contestant l'existence du droit invoqué, refuse de s'y rendre. Son adversaire va être réduit à l'y contraindre par la force, à l'appréhender au corps pour l'amener, soit à exécuter, soit à accepter un arbitre. Mais avant d'examiner le fond du procès, une question préjudicielle se posera. La *manus injectio* ou la *pignoris capio* a-t-elle été accomplie dans des conditions normales, se justifie-t-elle par les circonstances? Les pontifes, avant de prononcer sur le droit lui-même, seront amenés à s'occuper de la question de forme et, alors, s'engagera entre le demandeur et le défendeur un débat contradictoire ayant pour but d'établir que la *manus injectio* ou la *pignoris capio* a été faite selon les règles de la procédure reçue. A ce titre, elles sont de véritables *legis actiones*; elles impliquent les paroles solennelles, les gestes rythmés et sacramentels; elles s'accomplissent devant le juge, les deux parties étant présentes; elles sont soumises aux conditions d'ordre et de temps que la technique du droit sacerdotal a introduites dans la procédure. Simples faits de violence comme tous les agissements de la justice privée, elles deviennent, dans les cas que j'indique, de véritables « procédures justificatives « d'un acte solennel de justice privée, provoqué par l'opposition « de l'adversaire. Dans toutes deux, le créancier doit prendre « le rôle de demandeur (1). »

C'est ainsi que les premiers juristes cherchaient à légaliser les moyens violents de la poursuite individuelle en les soumettant à certaines conditions et à des formes déterminées.

La première procédure admettait ces moyens violents. Loin de les combattre, elle se les assimilait. Obtenir la réalisation du droit, tel était son but. Quant aux procédés employés, tous lui paraissaient également bons. Elle appelait tour à tour à son aide le sentiment moral, la pitié, la ruse, la force (2). Manou nommait l'emprisonnement du débiteur, de sa femme, de ses enfants, une contrainte légale; à ses yeux, les coups étaient une violence permise. La loi de Vrihaspati contenait les mêmes principes; elle indiquait une ruse pour obtenir satisfaction de son débiteur : on n'avait, disait-elle, qu'à lui emprunter une somme égale, puis à ne pas la rendre. Voilà comment l'idée de la *compensation* fut introduite dans le droit. La première forme de tout principe juridique, quelque équitable qu'il soit, fut toujours une violence ou une ruse. Les premiers juristes se contentèrent de détourner les hommes vers des procédés moins brutaux. Ils s'efforcèrent de faire prédominer l'usage de la *pi-*

____

(1) Ihering, *Esprit du droit romain*, t. I, p. 153 et 164, trad. franç.
(2) L. de Manou, VIII, § 49.

gnoris capio sur celui de la *manus injectio*, réservant celle-ci pour les cas désespérés, restreignant son rôle à l'exécution des jugements. C'était ne la permettre que lorsque tout autre moyen aurait échoué. Gaius nous la montre n'ayant plus que ce caractère de mode exécutoire des sentences méprisées. A sa place se substitua lentement la saisie des meubles du débiteur; je dis des meubles, car ils constituaient seuls, à l'origine, la fortune personnelle. La saisie, institution universelle, réglementée par toutes les législations, est née, elle aussi, de la violence et de la guerre. Les premières lois et les vieux jurisconsultes la revêtirent de formes techniques, qui, en la rendant plus difficile, la modérèrent et en polirent les contours. Sous ce vêtement, elle fit son entrée dans le monde civilisé.

Elle fut même si compliquée, si hérissée de pièges et de chausse-trapes, que le demandeur, sur bien des points, ne put agir seul; il dut se faire assister, en Irlande d'un brehon(1), en Scandinavie d'un *godi*, dans l'Inde d'un brahmane; et nul n'ignore qu'à Athènes et à Rome les eupatrides et les patriciens connaissaient seuls les subtilités de la procédure savante, monopole de leur caste sacrée; seuls ils en savaient tous les détours, seuls ils pouvaient se guider et guider les autres à travers tous les dédales de ses prescriptions quasi-rituelles.

Par là était mise en défaut la poursuite individuelle brutale. Mais les principes nouveaux ne rendaient pas meilleure la situation du créancier pauvre en face d'un débiteur riche et puissant. Il fallait y pourvoir. Partout où la caste sacerdotale ne fut pas distincte de celle des nobles, où le sacerdoce se confondit avec le patriciat, on comprend que ce souci la préoccupât fort peu. Mais là, au contraire, où les deux ordres furent séparés, où ils eurent une influence rivale, le corps sacerdotal se donna la mission de venir en aide aux faibles, aux pauvres, à tout le menu peuple en général : ce lui fut un moyen de se faire des alliés pour l'occasion. Il assista de son savoir le faible contre le fort, l'ignorant contre l'initié. Ainsi firent les brahmanes, ainsi firent les brehons. Celui qui ne pouvait entrer en lutte contre son débiteur trop puissant, chercha, d'a-

(1) *Anc. laws of Ireland*, I, 85.

près leurs conseils, à vaincre sa résistance par la pitié. Dans l'Inde, le créancier d'une classe inférieure devait aller s'établir à la porte de son débiteur, et là jeûner jusqu'à ce qu'il eût obtenu justice. Chez les Iraniens, si frères des Indiens, celui qui veut obtenir par le jeûne l'acquittement de ce qui lui est dû, commence par semer de l'orge devant la porte de son débiteur et par s'asseoir au milieu des grains (1). En Irlande, quand un *féné*, créancier d'un *nemé*, ne pouvait obtenir le paiement de sa créance, il allait respectueusement jeûner à la porte de ce *nemé* (2).

Au premier abord, ce procédé paraît enfantin et ridicule. Qu'importe au débiteur avare et cruel que son créancier meure de faim à sa porte; aujourd'hui, on se soucierait bien de si peu! Que de créanciers seraient à plaindre s'ils n'avaient d'autres moyens d'action! Dans les sociétés antiques, le débiteur qui aurait poussé jusque-là la cruauté, aurait soulevé contre lui l'opinion du pays tout entier. Sa réputation aurait subi une cruelle atteinte dans un temps où la puissance se fondait sur la réputation presque autant que sur la richesse. Mais ce qui était plus grave, c'est que le jeûne était considéré comme une pratique religieuse et avait une sanction de même nature. Laisser mourir un jeûneur était un crime que les dieux punissaient. Il fallait donc se hâter de satisfaire le demandeur, ou pour le moins lui remettre un gage. « Quiconque, dit le Senchus Môr, ne donne pas un gage à celui qui jeûne est un être sans foi, ni loi; celui qui ne tient compte de rien, ne sera récompensé ni par Dieu, ni par les hommes (3). » Le christianisme avait probablement contribué à fortifier cette croyance, mais elle n'était certainement pas étrangère au droit antérieur.

Dans l'Inde, on voit bien que l'idée était la même. A une époque qu'il est difficile de préciser, les créanciers s'accoutumèrent à ne plus jeûner en personne. Moyennant une certaine somme d'argent, un brahmane prenait la place du demandeur. La sollicitation devenait alors plus pressante. Qui eût osé laisser mourir un brahmane? Nul n'ignorait les peines

____

(1) Il paraît que cet usage se pratique encore chez les Perses. Sir H. Sumner-Maine, *Études sur l'hist. des institut. primitives,* trad. franç., p. 369.

(2) *Anc. laws of Ireland,* I, p. 113.

(3) *Anc. laws of Ireland,* I, p. 113.

terribles qui attendaient dans ce monde et dans l'autre le malheureux qui, directement ou indirectement, eût contribué à un pareil forfait. Aussi le débiteur ne manquait jamais de s'exécuter. La domination anglaise a seule mis un terme à ces usages.

En Irlande, où les *filé* n'avaient pas eu l'idée de se substituer au demandeur pour le jeûne, on avait dû passer outre après un certain nombre de jours et pratiquer la saisie. Cette saisie pouvait être à terme et recevoir un arrêt, le débiteur restant en possession. Elle pouvait aussi être immédiate; pendant l'arrêt, le saisissant possédait les prises ou les plaçait dans un enclos destiné à cet usage. Si la dette n'était pas acquittée, le créancier fermait les objets saisis et en avertissait le débiteur. Puis venait la période de confiscation. Les prises devenaient saisissables, à un prix déterminé, et par jour, jusqu'à ce que la dette fût liquidée. Si la valeur était inférieure, on procédait à une nouvelle saisie; si elle était supérieure, on devait remettre l'excédant.

Remarquez que la seule force du créancier résidait ici dans l'assistance du *filé* dont la présence garantissait, aux yeux de tous, la légitimité de la saisie, et imposait par là même une certaine modération au débiteur. Celui-ci n'osait trop résister; il lui aurait fallu pour cela se mettre en opposition avec un *filé* ayant le pouvoir de maudire, de jeter des sorts et d'excommunier. La sanction religieuse seule permettait que la brutale initiative individuelle fût remplacée par les procédés techniques et l'action rythmée que nous venons d'indiquer.

La saisie n'était d'ailleurs restreinte à aucune espèce particulière de litiges et n'exigeait aucune autorisation préalable de l'autorité supérieure. La conduite en était abandonnée au saisissant, assisté d'un juriste. La puissance publique n'avait pas encore à intervenir. Mais nous verrons bientôt l'Etat naissant chercher à s'immiscer dans l'organisation et la direction de ces agissements privés. Son action se manifeste surtout dans les contrées où la direction sacerdotale a fait défaut. Il n'y avait pas de prêtres-juges en Germanie, les tribus en étaient encore à la pure initiative privée, quand une sorte de royauté commença à se dessiner dans leur sein. La puissance publique, soit spontanément, soit sous l'influence d'un état d'esprit général plus pacifique, chercha à restreindre la pratique de la saisie privée de deux manières :

1° En la limitant à certains cas déterminés, comme fit la loi Salique qui ne la permettait plus que contre l'*homo migrans*, et lorsqu'il y avait *res prestita* ou obligation contractée *ex fide facta* (1). Mais, dans la plupart des lois barbares, cet obstacle n'avait point été opposé à la libre initiative individuelle. La saisie pouvait être pratiquée à l'occasion de toute espèce de litiges; il en était ainsi chez les Bavarois (2), qui l'admettaient *de qualecumque re*. La loi des Burgondes (3) en traite à propos de la fidéjussion, mais cela tient au manque de méthode dont témoigne la rédaction des lois barbares; il ne faudrait pas en conclure qu'elle ne fût tolérée que contre les fidéjusseurs ou en leur faveur. La loi des Ripuaires, postérieure en date, seule n'en parle pas. Quant à la loi des Visigoths (4), le soin qu'elle prend de l'interdire en toutes circonstances montre que cette saisie avait été pratiquée jusque-là, du moins dans un certain nombre de cas. Mais ces interdictions légales avaient-elles un effet sérieux? Il est probable que sur plus d'un point elles restèrent lettre morte, et que la saisie individuelle extrajudiciaire persista en dépit des *decretiones* royales. Les formules nous en donnent des exemples à propos de toutes sortes de dettes;

2° En général, la saisie fut soumise à l'autorisation préalable du délégué du roi ou du tribunal du canton. La loi Salique exigeait une série d'avertissements, puis une *mannitio* ou citation au défendeur à comparaître dans le *mallus*. La permission de saisir était donnée par le comte ou par le *thunginus*; c'était la *nexti canthichio*. De même, dans les autres lois barbares, qui ne diffèrent sur ce point de la *lex Salica* que par des détails, dans la loi des Bavarois et dans la loi des Burgondes (5). C'était le premier pas sérieux fait par l'autorité publique. En Angleterre, les rois exigèrent que l'autorisation fût demandée

(1) L. Sal., 45. 50. 52.
(2) L. Bajuw., 13. 2.
(3) L. Burg., B. 19. 5. 107. 7. Papien, 14. 8.
(4) L. Visig., V, 6. 1.
(5) Le défaut d'autorisation était sanctionné par une amende. L. Sal., 74; L. Bajuw., 13. 3.

au shérif. Une vieille ordonnance de Canut II (1) interdit la saisie privée au demandeur, s'il n'a sollicité trois fois, dans la centaine, son débiteur de s'acquitter, et s'il ne l'a sommé une quatrième fois au shiregemot.

C'est sur cette nécessité de l'autorisation de la puissance publique naissante à l'époque des lois barbares, que Sohm s'est appuyé pour soutenir que la saisie était une institution d'ordre procédural et n'avait aucun rapport avec la libre activité individuelle, la *Selbsthülfe* (2). Si Sohm veut dire par là que des procédés violents, des droits de vengeance et de représailles, les hommes en vinrent à des procédés plus pacifiques et organisèrent peu à peu, sans s'en douter, une sorte de coutume que l'opinion approuva, adopta et finit par exiger des saisissants, je suis absolument de son avis; mais si, au contraire, il y voit « une évolution procédurale réglée d'avance par la loi pour « faire prévaloir la prétention née d'un contrat, » il est impossible de le suivre. La loi n'a fait qu'adopter la coutume primitive et spontanée, modifiée et complétée peut-être sur plus d'un point par quelques sages de la tribu, faisant fonction de prudents. Elle n'aurait pas inventé la saisie extrajudiciaire, si elle n'avait pas eu à la subir. Elle lui imposa des limites toujours plus étroites, et la soumit à des conditions toujours plus rigoureuses, sans montrer partout la même audace contre cette coutume antique chère probablement aux populations que la loi prétendait régir. L'argument de Sohm va lui manquer même dans les lois barbares, sans parler des coutumes indiennes et irlandaises où l'autorisation préalable est inconnue. En effet, le droit lombard permet la saisie sans autorisation, sur une simple sommation renouvelée trois fois, sauf le cas de saisie de chevaux, de bœufs, et quand le défendeur n'est pas en possession. Ce n'est pas là un développement particulier au

____

(1) L. Kanut., II, 10 ; Ina, § 9 ; Guillaume, I, 44. — Voy. Sumner-Maine, *Études sur l'hist. des inst. prim.*, ch. vi, trad. franç.

(2) *Proc. der Lex Sal.*, § 8. *Contrà,* Siegel, *Geschichte des deutschen Gerichtsver.*, 1, p. 36-41. — Édit de Rotharis, 249, 256. — *Anc. laws of Ireland*, I, p. 265. — Siegel et Wilda soutiennent avec raison que le concours du magistrat, dans la procédure d'exécution, est un élément introduit postérieurement dans le formalisme de la saisie. Ils y voient un empiètement de la puissance publique.

droit lombard, mais le résultat de ce fait que ce droit est en retard sur les autres lois.

B) Il faut sans doute rapporter à cette même époque l'usage réglé des délais et des cautions. Ils faisaient partie de la technique du droit : les prêtres, les juristes les conseillaient, en proclamaient la nécessité et la justice, la coutume peu à peu les sanctionnait. Mais rien n'est plus vague et plus flottant que cette partie de la procédure. Elle a du reste peu d'importance, et je ne m'y arrêterai pas.

Sur ces points on modifiait la coutume à mesure que le besoin s'en faisait sentir. Certainement, c'était là le domaine le plus libre laissé par la spontanéité à l'arbitraire ou au bon sens des jurisconsultes de ces vieux âges. On pourra voir comment les rédacteurs des coutumes irlandaises se figuraient que ce côté terre à terre de la procédure avait été réglé. Ils faisaient honneur de telles prescriptions procédurales à un roi, à un *filé*, à un sage (1). Ils les rattachaient parfois à un événement fortuit. C'est qu'en effet tous contribuaient à augmenter le code de ces prescriptions de détail.

C) Après avoir étudié par un exemple, celui de la saisie, l'action sacerdotale dans les pratiques extrajudiciaires, voyons comment elle parvenait à ordonner et à pacifier l'instance, comment elle transformait le combat en débat judiciaire.

L'actio sacramenti, telle que Gaius nous la décrit, est la plus vivante et la plus dramatique reproduction de la poursuite privée. Elle ne cesse de la suivre que là où cette dernière devenait dangereuse pour les personnes. Cette limite a été fixée par la technique des premiers juristes, c'est-à-dire des pontifes. En tout le reste, n'avons-nous pas la pantomime d'une querelle terminée par un arbitrage (2)?

Il s'agit de la revendication d'un meuble. Celui qui se prétend propriétaire paraît tout à coup en armes et met la main sur l'objet qu'il a perdu. « Cet homme, cet objet est à moi. je l'affirme et à cause de cela je m'en empare. » L'adversaire, ne voulant pas se laisser dépouiller, fait de même. Chacun saisit l'objet de son côté. C'est alors qu'un tiers s'interpose et

---

(1) V. *Anc. laws of Irel.*, I, p. 261 et *Résumé d'un cours de droit irlandais,* par M. d'Arbois de Jubainville (Thorin, 1888).

(2) Gaius, IV, 16. Conf. *Il.*, XVIII, v. 502 et s.

cherchant à les calmer, leur dit : « Laissez tous deux cet esclave. » Apaisés par son intervention, l'un et l'autre y consentent. Celui qui le premier avait commencé le débat dit alors à l'adversaire : « Je te conjure de dire la raison pour laquelle tu revendiques. — Mais en vertu de ma possession, répondait l'autre (*ille respondebat jus feci sicut vindictam imposui*). — Mais elle est injuste, et voilà pourquoi je te provoque à déposer un enjeu, parions ! — Et moi aussi je te provoque, répliquait l'adversaire qui ne voulait pas paraître avoir peur. » Et les enjeux étaient déposés entre les mains de l'arbitre ou dans un lieu consacré. Voilà ce que faisaient les plaideurs abandonnés à eux-mêmes. Supposez maintenant que les pontifes interviennent. Ils conserveront toutes ces formes extérieures, les gestes, les interpellations, les répliques. Mais ils les soumettront à une sorte de rythme. Le geste devra se mesurer, être cadencé. Les paroles, transformées en formules où chaque mot aura sa valeur propre, seront fixées une fois pour toutes et deviendront sacramentelles. Le débat présentera un aspect identique dans tous les cas. En même temps, les pontifes détermineront le taux du pari (*sacramentum*) et le lieu où il devra être déposé. A la lance, ils substitueront l'inoffensive *festuca*; et, afin d'avoir plus de temps pour examiner le fond du droit, ils prendront soin que, jusqu'à la décision définitive, les intérêts des parties soient sauvegardés (1). La sanction consistera dans la perte du pari et peut-être dans quelque censure religieuse. Voilà comment la justice s'organisa en dehors de l'Etat, et comment l'État la trouva établie au jour qu'il lui plut d'en faire sa chose. Il n'eut rien à organiser; il prit la place qu'on lui avait, pour ainsi dire, préparée.

Il faut avouer que là où cette préparation n'avait pas eu lieu, l'État se révéla peu habile à la suppléer. L'hésitation la plus grande, le défaut de vue d'ensemble, l'impossibilité notoire de se faire accepter des plaideurs ou des sujets caractérisent les lois barbares de la période franque. Les Germains s'étaient montrés, en quelque sorte, réfractaires à l'esprit sacerdotal. Leurs lois, malgré l'influence chrétienne, ont un

____

(1) Prætor secundum alterum eorum vindicias dicebat, id est interim aliquem possessorem constituebat, comque jubebat prædes adversario dare litis et vindiciarum, id est rei et fructuum. Gaius, IV, 16.

cachet essentiellement laïque. Tout ce qui, chez elles, a un caractère procédural nettement arrêté, fut l'œuvre de l'Etat naissant. Mais celui-ci ne faisait que s'attribuer la coutume née spontanément au sein des groupes sociaux, plus ou moins bien ordonnée d'après les avis des hommes influents qu'on choisissait pour arbitres et qui remplissaient momentanément le rôle de juristes. Aussi la coutume resta barbare et la loi le fut à l'exemple de la coutume. Les pontifes des peuples italiens s'étaient subtilement attachés à l'usage instinctif du pari pour échafauder sur lui *l'actio sacramenti* qui faisait le fond de leur procédure (1). La loi germanique fut plus frappée de la lutte sanglante que de ces paris si fréquents dans les contestations des hommes. Prenez, par exemple, la loi des Alamans et mettez-la en regard de *l'actio sacramenti*. Dans les deux cas l'objet litigieux est en présence des parties; c'est, soit le meuble lui-même, soit une motte de terre représentant le champ dont la propriété est contestée. Dans les deux cas, les plaideurs touchent cet objet avec l'arme qu'ils tiennent à la main tout en affirmant leur droit. Jusque-là les gestes sont les mêmes, les paroles sont analogues; la seule différence est que les plaideurs romains se servent de la *festuca* et que les plaideurs germains se servent d'une véritable épée (*spata*). Mais voilà que tout va changer. Tandis qu'à Rome, les parties se provoquent à un pari réciproque, en Germanie, la provocation a pour objet un véritable combat. « Ils touchent la terre litigieuse avec leurs épées, ils attestent le Dieu créateur afin qu'il donne la victoire à celui qui a pour lui le droit, et là-dessus ils combattent (2). » Il faut avouer que le droit sacer-

---

(1) Cette utilisation du pari se retrouve dans le *Code Yâdjnavalkya* et dans les *Institutes de Nârada*.

Dans les coutumes d'origine germanique, le pari ne semble avoir été utilisé qu'au moyen-âge. Voy. Jobbé-Duval, *loc. cit.*, p. 23-24. — Le pari existe encore dans la procédure éthiopienne. Voy. d'Abbadie, *Nouv. Rev. hist. de dr.*, sept.-oct. 1888.

(2) L. Alam., 87; L. Burgund., 45; L. Bavar., I, XVII, 2. 3. 4; ch. XVIII, XII, 8; L. Rip., 33. — L'étude de ces lois aux divers points de vue qui nous occupent et surtout à celui du caractère arbitral de leur procédure, trouvera sa place dans un autre travail où l'on recherchera comment l'État s'est emparé de la justice. — Conf. J. Grimm, *Rechtsalterthümer*, p. 589 seqq.

Dans la loi des Ripuaires, on voit une sorte de combat simulé, précédant la *mannitio*, en matière d'action mobilière *ex delicto*, action que nos modernes

dotal avait été plus habile ; sur la guerre, il avait fait triompher l'arbitrage ; au lieu de la lutte pacifique, ou plutôt de la danse savante qu'il avait imposée aux parties, l'État, lui, ne sut qu'assigner des lois à la bataille et qu'inventer le duel judiciaire. Autant valait la justice privée !

III. — Les modes de preuves le plus en usage, dans cette procédure organisée en dehors du concours de la puissance publique, étaient la preuve par témoins, le serment et les ordalies. Je distingue la preuve résultant du serment de celle qui était fondée sur le témoignage. Les témoins, en effet, n'étaient pas nécessairement soumis au serment. Mais celui-ci, pris à part, jouait un rôle considérable en ce sens qu'on l'imposait toujours aux parties et à leurs cojureurs.

1° Parlons d'abord du serment. Le serment est par excellence un produit spontané du droit. La direction sacerdotale n'intervint que pour en consacrer les termes et pour en restreindre l'usage. Aussi cet usage est-il peut-être plus fréquent dans les lois barbares qui n'ont pas été soumises à l'influence d'un droit ecclésiastique préexistant. Son empire franchit du reste les bornes du domaine du droit. L'homme sans culture l'emploie à tout propos ; il est probable que le premier serment fut proféré sans que son auteur s'en aperçût. Ce sont les gens qui réfléchissent le moins et dont l'intelligence est plus bornée qui jurent le plus volontiers. L'homme réfléchi et cultivé le réserve pour des cas graves et n'en fait usage que lorsqu'on l'y contraint. Le sentiment de la dignité personnelle s'oppose aussi à l'emploi trop répété du serment. En faire usage sans néces-

appollont improprement, mais plus clairement, la revendication mobilière. Mais la loi Ripuaire donne une procédure postérieure en date à celle des autres lois barbares. Déjà la violence des mœurs avait des moments d'accalmie et les lois révisées par des évêques ou des magistrats, souvent gallo-romains, recevaient d'eux un caractère technique et pacifique en certains points : *Si quis rem suam cognoverit, mittat manum super eam. Et sic illi, super quem interciatur, tertia manu querat, tunc in præsente ambo conjurare debent cum dexteras armatas et cum sinistras ipsam rem teneant. Unus jurit quod in propriam rem manum mittat ; et alius juret, quod ad eam manum trahat, qui ei ipsam rem dedit.* Mais cela ne se passe pas devant le juge. *Et sic infrà ducato est super 14 noctes auctorem suum repræsentit. Si foris ducato, super 42. Si autem extra regno, super 84 ad regis staffolo vel ad eo locum sibi mallatus est, auctorem suum in præsente habeat.* L. Rip., 33. Dans la loi Salique, 47, *De fillortis,* rien de semblable.

sité, n'est-ce pas reconnaître aux autres le droit de douter de notre simple affirmation? Mais aux époques antiques l'homme entendait autrement l'honneur et la dignité personnelle. Les rapports étant moins fréquents, il n'y avait pas d'injure à réclamer une affirmation solennelle et religieuse de l'inconnu dont le hasard vous rapprochait.

Tous les actes importants, juridiques ou non, avaient pour garantie la mémoire des parties et des témoins oculaires. Quand il s'agissait de les reconstituer, le témoignage s'offrait seul; ce n'était pas l'opinion des témoins qu'on réclamait, c'était le récit des faits qui s'étaient passés sous leurs yeux. Pour empêcher leur déposition de s'égarer, on les contraignait à la détailler dans une formule sacramentelle; on leur représentait la divinité vengeresse, épiant chacune de leurs paroles; on les obligeait à appeler sur eux-mêmes le châtiment de cette divinité en cas de mensonge.

Si maintenant on considère que les parties comparaissaient libres devant leurs juges, que ceux-ci ne disposaient d'aucun des moyens d'instruction dont sont pourvues nos juridictions modernes, on comprendra que le serment des parties était la garantie la plus apparente qui s'offrît aux juges pour légitimer leurs sentences. Voilà pourquoi l'accusé dut prêter serment contre lui-même. Cela paraîtrait odieux de nos jours. Mais l'état social d'alors imposait ce suprême moyen de preuve (1).

Nous avons vu qu'une tradition rapportée par Platon attribuait à Rhadamante l'invention du serment supplétoire. J'ai signalé, en outre, la pratique d'un serment purgatoire extrajudiciaire. Mais il faut reconnaître que la forme la plus fréquente du serment en justice était encore le serment purgatoire (2). Il avait ce caractère toutes les fois qu'il était appuyé par des *cojuratores*. Mais, avec le progrès de la civilisation, il devint, même dans la bouche des parties, un simple *juramen-*

____

(1) Les dieux grecs parcourent le monde et châtient le parjure. *Il.*, III, v. 279. *Odys.*, XIII, 213; XVI, 384. Conf. Hérodote, VI, 86. — Lois de Manou, VIII, 83 et s., 104. — D'après l'Edda, le parjure va en enfer. — Cic., *De leg.*, II, 9 : *Perjurii pœna divina, exilium; humana dedecus.*

(2) L. Rip., 6. 7. 8. 11. 12. 17; L. Sal., 76; LL. Galloises, Éd. off., 1841, p. 548 et 652, §§ 7. 8. 85.

tum credulitatis. Après leurs déclarations, faites sous la foi du serment, les débats n'en continuaient pas moins. A Athènes, les parties prêtaient serment dans les procès civils. A Rome, on en trouve le souvenir dans le *jusjurandum de calumnia* que le défendeur peut toujours exiger du demandeur, mais qu'il n'est tenu de prêter que dans certains cas déterminés (1). Chez les Scandinaves, le serment se prêtait sur l'anneau sacré, trempé dans le sang du taureau du sacrifice et tenu par un prêtre. Les lois barbares en sont encore au serment purgatoire appuyé sur celui des cojureurs; mais, avec le temps, l'Église le transformera en serment de crédulité et remplacera les cojureurs par des témoins.

Les premiers collèges ecclésiastiques voyaient d'un mauvais œil l'usage immodéré du serment. Ils cherchaient à le restreindre, mais il semble qu'ils aient toujours été débordés par les coutumes populaires. Pour éviter que le nom de la divinité ne fût sans cesse mêlé aux événements les plus vulgaires, ils se réservèrent le soin de pourvoir aux formules sacramentelles. Chez les Hébreux, le nom d'Iahvé ne figurait certainement pas dans la formule du serment, puisque ce nom était imprononçable. Il semble qu'un sentiment analogue ait animé le rédacteur des lois de Manou, lorsqu'il dit : « Que le juge fasse jurer un brahmane par sa véracité, un kshattriya par ses chevaux, ses éléphants ou ses armes, un vaiçya par ses vaches, ses grains et son or, un çoudra par tous ses crimes (2). »

Dans d'autres contrées, où le nom de la divinité intervient dans le serment, on exige qu'il soit prêté dans un temple, comme en Égypte (3), en présence d'un prêtre, comme en Is-

(1) Gaius, V, 172. 176. 179. 181; L. 2, §§ 6. 7, C. II, 59; Tite-Live, XXXIII; Aul.-Gel., V, 12. — Festus, vᵒ *Feretrius : Jupiter feretrius dictus a ferendo, quod pacem ferre putaretur; ex cujus templo sumebant sceptrum per quod jurarent et lapidem silicem quod fœdus ferirent. — Lapidem silicem tenebant juraturi per Jovem, hæc verba dicentes : Si sciens fallo, tum Diespiter salva urbe arceque bonis ejiciat ut ego hunc lapidem.*

(2) Manou, VI, § 113.

(3) Comp. L. Rip., 49. 4. 55. 5. Sous la première race, le serment se prêtait dans la chapelle du roi, pour les procès jugés devant le tribunal du roi. Dans la vie de saint Cuthbertus on lit ce serment : *Juro per deos meos Thor et Otham.*

lande, ou que les termes employés aient été solennellement approuvés par les pontifes, comme à Rome (1).

2° A côté du témoignage, garanti ou non par le serment, les modes de preuves le plus goûtés des peuples primitifs furent des sortes de jeux de hasard, que l'on a désignés sous le nom d'ordalies. Je ne pense pas que, du premier coup, on ait songé à y voir des jugements de Dieu. Non, on voulait d'abord trancher le différend par un moyen quelconque, mettre un terme à la querelle dont on était las; mais, pour n'avoir ni l'un ni l'autre l'apparence de céder aux prétentions de l'adversaire, les plaideurs s'en remettaient au hasard. Ce n'est qu'insensiblement qu'on fut amené à considérer ces procédés comme une interrogation posée à la divinité. Il est probable que chacun implorait ses dieux pour qu'ils fissent que le hasard lui fût favorable. De là on passa à l'idée d'une certaine connexité entre la prière préalable et l'issue de l'épreuve. Le naturalisme des religions antiques favorisa beaucoup cette croyance. Les dieux étaient identifiés avec les éléments de l'univers (2). D'où l'on conclut qu'ils rejetteraient le coupable plongé dans l'eau, que le dieu qui personnifiait le feu brûlerait la main du criminel et laisserait intacte, ou à peu près, celle de l'innocent. On employait encore l'épreuve de l'eau bouillante, qui consistait à obliger le prévenu ou le défendeur à retirer un objet du fond de la chaudière pleine d'eau en ébullition (3). Signalons, en outre, le passage par le feu, l'épreuve par le sort à l'aide de bâtons magiques (4), celle par les aliments consacrés, tels que

---

(1) Je n'ai pas à parler ici du serment promissoire, j'en ai dit quelques mots ci-dessus, p. 13.

(2) Ce naturalisme a persisté même dans les formalités des ordalies chrétiennes. Dieu y est toujours invoqué comme le créateur des éléments. Ceuxci y sont parfois personnifiés. *Adjuro te, aqua, adjuro te, creatura aquæ* (Zeumer, p. 681 et passim); L. Sal., 55; L. Rip., 3. 1. 5; L. Thuring., 14. Quida Guthrunar, 3.

(3) Manou, VIII, sl. 114-16. — Sophocle, *Antigone*, V, 164. — Hincmar, *De divortio Lotharii et Teutbergæ.*

(4) Tacite, *Germ.*, 10. Épreuves par le sort aussi dans L. Ripuaire, 21, § 5 et L. Frisonne, 14, § 1; L. Édouard Ier; Luitprand, 5. 21; Hincmar, p. 39. Par le sang qui saigne en présence du meurtrier. Niebelungen, v. 983 et s., 484 seqq. — Dans le Ramayana, Sita, la femme de Rama, se purge par le feu du soupçon d'adultère.

les grains d'orge employés dans l'Inde et la boisson mêlée à de la poussière de l'Ohel-Moëd, que le mari israélite faisait boire, en présence d'un prêtre, à sa femme soupçonnée d'adultère (1). Une curieuse ordalie païenne de l'Islande consistait à faire passer la personne qui y était soumise sous une bande de gazon élevée en arc; le patient devait passer sans la faire tomber. Cette ordalie, avec cette autre qui, dit-on, se pratique dans le nord de l'Inde anglaise, et qui consiste à faire courir un bouc le long des limites contestées pour poser les bornes là où le bouc vient à frissonner, ces deux ordalies, dis-je, rappellent le pur tirage au sort, comme le combat de chant des Groenlandais (2).

Au contraire, il y eut des consultations directes du dieu en matière judiciaire. Les Grecs, nous le savons, consultaient l'oracle de Delphes en toutes circonstances. Les Israélites avaient l'habitude, à l'époque ancienne, de consulter l'*éphod*. Ils s'adressaient soit aux prêtres qui faisaient parler l'*éphod* qui était gardé à côté de l'arche d'alliance, soit aux lévites qui desservaient les chapelles particulières des grandes familles quand celles-ci possédaient un *éphod* privé. En Israël « les ins-« titutions judiciaires se bornèrent pendant longtemps à des « espèces d'ordalies. Juger, c'était répondre à des gens qui « venaient interroger Dieu (3). »

Le duel judiciaire ne peut être considéré comme une ordalie. Il n'est pas un moyen de preuve. Dernier reste de la guerre privée, il constitue le fond même du débat (4). Mais ni le duel, ni les ordalies n'eurent une origine ecclésiastique. Les clergés païens, comme l'Église chrétienne, se les virent imposer par les mœurs et les croyances populaires. Ils ne les auraient pas inventés, et de tels procédés ne furent acceptés par eux qu'avec répugnance. L'Église, forcée d'admettre les ordalies dans la pratique, les condamnait dans ses Conciles. Pour moi, je leur eusse préféré la guerre privée des premiers temps; mais il faut avouer que sur certains points, elles paraissent avoir été un progrès et marquer un adoucissement dans les mœurs.

---

(1) Nombres, V. — Conf. *Laxdœla saga,* ch. xviii.
(2) Voy. ci-dessus, p. 17.
(3) E. Renan, *Hist. du peuple d'Israël,* I, p. 272.
(4) Au moins à l'origine. Voy. p. 25 et s.

Tandis que la loi des Burgondes nous dit que le duel judiciaire fut institué pour éviter les parjures (ce qui paraît d'autant plus inexact que les combattants devaient, en général,
jurer de n'employer aucun maléfice, aucune sorcellerie pour
s'assurer la victoire), l'ordalie du fer rouge semble avoir succédé en Norwège au duel judiciaire sous les auspices de Olaf le
saint, roi de Norwège (1). Obligés de l'admettre, les clergés
réglèrent la pratique des ordalies. Elles furent ordinairement
peu dangereuses et plus favorables aux coupables que con-
traires aux innocents; pourtant, c'était toujours une chance
à courir. Elles donnèrent lieu à de nombreuses fraudes; on
avait des recettes pour mettre de son côté le hasard, — qui en
somme était dieu dans l'espèce, — et, par conséquent, le bon
droit. Jadis, il fallait être fort pour avoir raison, désormais il
ne s'agit plus que d'être rusé. Le ciel a toujours eu une sym-
pathie marquée pour les gens habiles. Athéné avait pour favor
Odysseus. Ce qui revient à dire que le ciel n'aidait guère que
les gens qui savaient se passer de lui.

Les ordalies ont été en usage chez tous les peuples. A cela
quoi d'étonnant? J'ai expliqué plus haut qu'elles avaient une
origine populaire; or, le fond intellectuel des masses est très
peu fécond et ne produit guère sous tous les climats que les
mêmes plantes. Le code de Vishnou et les lois de Manou, les
vieilles lois de la Perse, les poètes grecs, les lois barbares,
l'Edda, les Sagas, les poèmes et les chroniques d'à peu près
tous les temps en signalent l'existence dans la race aryenne.
Les autres races n'y ont point échappé. Les sauvages de l'A-
frique ont cela de commun avec les peuples civilisés du moyen-
âge que leur procédure admet également le jugement de Dieu
et confie la solution des procès au hasard des plus grotesques
épreuves (2). A vrai dire, j'aime encore mieux l'*éphod* des
Hébreux : il avait, au moins, le mérite d'être tout à fait inof-
fensif.

J'arrête ici la comparaison que j'avais entreprise entre les

(1) Dans la loi Salique, l'épreuve par l'eau bouillante est admise, et pas le
duel, titre 55. Du reste ces preuves par ordalies ne sont jamais que subsi-
diaires. Parfois, elles étaient demandées spontanément par la partie qui devait les subir.

(2) Wilda, art. *Ordalien. Encyclop.* d'Ersch et Grüber, p. 489.

institutions d'origine coutumière purement spontanées et les
éléments que vint y ajouter à un certain moment la direction
sacerdotale. Celle-ci fut, en résumé, bienfaisante. Le droit
romain antérieur aux XII Tables, droit sorti transformé de
la jurisprudence des pontifes, était, à tout prendre, supérieur à
celui des lois germaines colligées sous les deux premières races
de la monarchie franque ; le droit et la procédure des brehons
valaient mieux que le droit et la procédure des lois saxonnes.

L'État s'assimila plus facilement cette procédure imprégnée
d'éléments religieux que les coutumes fondées sur la pure initiative individuelle. Pour plier celles-ci à une règle et les soumettre à cette loi générale d'ordre et de paix qu'il était destiné
à faire régner, il se révéla, en général, peu habile. En présence de l'anarchie universelle, il hésita, se montra tantôt d'une
timidité, tantôt d'une brutalité excessives. Il ne savait ni oser,
ni se modérer. Ses prescriptions, le plus souvent vagues, abou-
tissaient à revêtir ses agents d'un pouvoir arbitraire et sans
limite. Childebert punit le rapt de la peine capitale (1). Le roi
Gontran prescrit à ses comtes, sans leur indiquer ni les moyens
à employer, ni les règles à suivre, de faire triompher l'ordre,
« *ut in universa regione nostra pacis et concordiæ jura profi-
ciant* (2). »

Il faut reconnaître que, pour faire triompher la justice, les
brahmanes, les druides et les pontifes romains savaient mieux
s'y prendre. Ils ne publiaient pas de ces édits pompeux. Ils
avaient une série de règles pratiques, symboliques, qu'ils
n'imposaient pas, mais qu'ils faisaient accepter, et dont les
peuples se trouvèrent relativement satisfaits. Il est vrai que
l'Église les remplaça auprès des Barbares, et qu'à côté des rois
impuissants elle élevait ses juridictions, purement arbitrales
elles aussi, mais dont les arrêts étaient sanctionnés par la
voie redoutée de l'excommunication. Les croyances avaient
changé, mais les procédés juridiques des tribunaux d'église
restaient les mêmes !

A la place d'un droit criminel que les rois se montraient si
malhabiles à créer, l'Église fit respecter les décisions de ses

---

(1) Boretius, p. 12.
(2) Édit de 585, *ibid.*, p. 12 ; *Epist. Childeb.* I, Pertz, III.

Conciles. Elle réprimait ainsi les mœurs barbares et l'arbitraire de la puissance publique. On vit un Concile de Paris (614) interdire les guerres privées et défendre aux juges royaux de punir aucun accusé sans l'entendre.

*
* *

Après avoir esquissé le tableau des premières sociétés humaines, nous avons cherché quels rapports juridiques pouvaient naître dans ce milieu, renfermant un si grand nombre d'éléments hétérogènes et hostiles. Nous avons vu que l'initiative privée, servie par la force, procurait seule alors la sanction de ces rapports juridiques et que, dans les temps reculés, les hommes se conduisaient les uns à l'égard des autres comme les peuples de toutes les époques et, en particulier, de la nôtre.

Puis vint l'idée d'une justice abstraite, absolue, que les hommes cherchèrent à réaliser, soit par le moyen de la force, soit par des juridictions arbitrales improvisées. L'arbitre fut, d'abord, le premier venu ; mais on ne tarda pas à rechercher, pour en remplir les fonctions, des hommes que leur réputation, leur science, leur autorité morale désignaient au choix des plaideurs.

Lorsque les premiers clergés se furent organisés, leurs membres remplissaient toutes les conditions requises pour être d'excellents arbitres. La justice se confondit avec la religion ; on en fit un des attributs des dieux. La même sanction fut applicable aux violateurs des lois religieuses et des sentences rendues par les prêtres. L'excommunication devint le premier mode de contrainte émanant d'une volonté supérieure aux parties. Une technique procédurale fut créée ; le droit résida presque tout entier dans la procédure. Les premiers codes de l'humanité furent des œuvres de spéculation sans conséquences pratiques, étant des œuvres doctrinales émanant des divers clergés. La religion prétendant embrasser toutes les sphères de l'activité humaine pour les réglementer, les codes régissent tous ou à peu près tous les actes de l'homme ; la plupart ont la prétention avouée de contenir la science universelle. Nulle autorité judiciaire, acceptée de tous, ne s'imposa en dehors de celle qui parlait au nom des dieux, jusqu'au jour où l'Etat s'empara du vaste domaine de la justice. Encore n'y parvint-il qu'en s'associant le clergé. De l'alliance de la royauté et du sacerdoce date la formation d'un véritable droit civil. En Egypte, en Perse, dans l'Inde, en Irlande, en Grèce, à Rome, les prêtres sont plus ou moins associés à l'exercice du pouvoir judiciaire.

Je montrerai peut-être un jour comment l'Etat s'empara insensiblement du droit de juger les hommes et de mettre un terme à leurs litiges. Il hésita longtemps, commença lui-même par n'être qu'un arbitre plus en vue, plus recherché que les autres; et cette première origine du pouvoir judiciaire de l'Etat laissa son empreinte dans les législations postérieures où le procès n'est, en définitive, que la suite d'un contrat judiciaire passé devant le magistrat. La *litis contestatio* du droit romain est-elle autre chose qu'un contrat dans lequel intervient un tiers, le magistrat, stipulant, en quelque sorte, le respect de l'ordre public et, en échange, s'engageant à faire exécuter la sentence? Mais ce n'est pas seulement à Rome, c'est dans les lois barbares, dans la procédure du moyen-âge, c'est un peu partout, que la justice a conservé, du moins dans ses formes, le souvenir de son origine, et comme le sceau du temps où elle était purement contractuelle.

BAR-LE-DUC, IMPRIMERIE CONTANT-LAGUERRE.